JN450564

행정안전부 재난관리분야 전문인력 양성사업 교육교재

Disaster and Society

재난과 사회

이재영 · 김주리 · 김형열 · 류성진
박형준 · 이달별 · 이미라 · 주성빈

도서출판 대영문화사

본 교재는 행정안전부 재난관리(방재안전분야) 전문인력 양성사업의
지원을 받아 작성하였습니다.

머리말

재난관리 전문가에게 다양한 분야의 지식은 매우 중요합니다. 재난은 다양한 원인과 영향으로 인해 발생하기 때문에, 이러한 문제를 해결하고 예방하기 위해서는 다양한 분야의 지식과 전문성이 필요합니다.

본 『재난과 사회』라는 교재에서는 사회재난에 대한 지식을 전달하고자 집필한 교재로서, '재난과 법', '재난과 정부신뢰', '재난관리와 도시계획', '재난관리와 치안', '재난과 사회복지', '재난과 중국사회', 그리고 '일본의 재난관리'로 구성되었습니다. 각 장은 해당 분야의 전문가들이 연구와 경험 등을 토대로 작성하였으며, 재난관리에 관심이 있는 분들에게 다양한 시각과 지식을 제공함으로써 폭넓은 관점에서의 통찰력을 부여하고자 합니다.

본 교재를 통하여 우리나라의 재난 관련 법률과 제도와 더불어 현실적이고 실질적인 내용을 제공하며, 독자들이 재난의 복잡성과 그에 대한 대응 방안을 더욱 잘 이해하게 도와줄 것입니다. 또한 우리는 더 안전하고 지속 가능한 미래를 위한 지식을 얻을 것이며, 이를 통해 재난과 사회의 조화로운 공존을 실현하고자 하는 우리의 의지를 확인할 수 있을 것입니다. 더불어 재난관리 분야의 핵심 개념과 심도 있는 이해를 바탕으로, 우리 사회가 미래의 도전과 위험에 어떻게 대비하고 대응해야 하는지를 탐구할 수 있을 것입니다.

본 교재는 행정안전부 재난관리(방재안전분야) 전문인력 양성사업의 일환으로 개발되었으며, 본 교재를 학습하는 분들에게 재난관리 분야의 지식 축적과 인재 양성에 이바지하고자 합니다. 마지막으로, 이 교재의 제작에 참여한 모든 분께 진심으로 감사의 말씀을 드립니다. 독자 여러분께서도 이 교재를 통해 새로운 통찰과 지식을 얻으시길 바라며, 앞으로도 끊임없는 연구와 노력을 통해 더욱 안전하고 번영하는 사회를 만들어나가는 데 기여하시기를 기대합니다.

2023년 8월

저자 대표 **이재영**

차례

제3장 재난관리와 도시계획

제4장 재난관리와 치안

제5장 재난과 사회복지: 재난 발생과 사회복지의 역할

제 1 장

재난과 법

1 재난의 법적 의미 및 구분 개념

1) 법령상 재난의 정의

재난에 대한 사전적 정의는 "뜻밖에 일어난 재앙과 고난"[1]으로 자연재난 및 사회재난으로 분류되며, 일반적으로 재난방지, 재난관리, 재난복구 등의 용례를 가진다. 한편 우리나라 법령의 명칭에 '재난'이 포함되어 있는 것은 현재 18건이고,[2] 그 중 「재난 및 안전관리 기본법」(이하 '재난안전법') 제3조 제1호는 다음과 같이 재난에 대한 법적 정의를 내리고 있다.[3] 이에 따르면 법령상 '재난'이란 국민의 생명·신체·재산과 국가에 피해를 주거나 줄 수 있는 태풍, 홍수 등과 같은 자연재해 및 화재, 붕괴 등의 사고나 감염병 확산으로 인한 국가 또는 지방자치단체 차원의 대처가 필요한 피해를 의미한다.[4]

---

1) 국립국어원 표준국어대사전(https://stdict.korean.go.kr/search/searchView.do, 2023년 5월 31일 최종 검색).

2) 국가법령정보센터(https://www.law.go.kr, 2023년 5월 31일 최종 검색). '법령'은 법률, 시행령(대통령령), 시행규칙(총리령 및 부령)을 아우르는 명칭이며, 참고로 '법규'는 여기에 행정규칙과 조례 및 자치규칙을 포함하여 칭할 때 사용한다.

3) 재난과 관련해서 기본법으로서의 지위를 가지는 「재난안전법」은 기본법의 특성상 다른 재난 관련 법제에 대하여 일반법적 성질을 지니며, 주로 국가와 지방자치단체의 재난관리에 대한 책무와 안전관리기구의 조직, 안전관리계획, 재난의 예방·대비·대응·복구 등에 필요한 조치나 처분 권한의 근거에 관한 내용을 규정하고 있다.

4) 「재난안전법 시행령」 제2조.

「재난안전법」상 재난의 정의

제3조(정의) 이 법에서 사용하는 용어의 뜻은 다음과 같다.

1. "재난"이란 국민의 생명·신체·재산과 국가에 피해를 주거나 줄 수 있는 것으로서 다음 각 목의 것을 말한다.

가. 자연재난: 태풍, 홍수, 호우(豪雨), 강풍, 풍랑, 해일(海溢), 대설, 한파, 낙뢰, 가뭄, 폭염, 지진, 황사(黃砂), 조류(藻類) 대발생, 조수(潮水), 화산활동, 소행성·유성체 등 자연우주물체의 추락·충돌, 그 밖에 이에 준하는 자연 현상으로 인하여 발생하는 재해

나. 사회재난: 화재·붕괴·폭발·교통사고(항공사고 및 해상사고를 포함한다)·화생방사고·환경오염사고 등으로 인하여 발생하는 대통령령으로 정하는 규모 이상의 피해와 국가핵심기반의 마비, 「감염병의 예방 및 관리에 관한 법률」에 따른 감염병 또는 「가축전염병예방법」에 따른 가축전염병의 확산, 「미세먼지 저감 및 관리에 관한 특별법」에 따른 미세먼지 등으로 인한 피해

그리고 같은 법 제3조 제2호는 우리나라 영역 밖에서 우리 국민의 생명·신체 및 재산에 피해를 주거나 줄 수 있는 재난으로서, 정부 차원에서 대처할 필요가 있는 것을 '해외재난'이라고 정의하고 있다. 이렇게 법령상 재난의 개념은 그것이 통제할 수 없는 자연 현상에 의한 것이든 사회 속에서 발생하는 다양한 유형의 사고에 의한 것이든, 국민의 생명·신체·재산의 위험 및 피해에 대한 국가 및 지방자치단체의 역할을 설정하는 데서 출발하고 있다. 즉, 일상적인 사고나 예측 가능한 위험의 정도를 넘어서 대규모의 사상자나 재산의 손실을 발생시키는 재난은 국가 또는 지방자치단체

의 통상적인 행정력을 통해 관리가 불가능하므로, 별도의 관리시스템이나 대응계획을 갖추어 두어야 하는 의무를 부여하고 있는 것이다. 참고로 외국의 법령 등에서 재난을 규정하고 있는 사례를 살펴보면 다음과 같다.

(1) 미국

통상 사망과 상해, 재산피해를 가져오는 것으로 일상적인 절차나 정부의 차원으로 관리할 수 없는 심각하고 규모가 큰 사건, 또는 돌발적으로 발생하기 때문에 정부와 민간조직이 즉각적이고, 효과적으로 대처해야 하는 사건[5] 등이 있다.

(2) 독일

국민의 생명, 건강 또는 필수적인 국민 복지, 동물, 실질적인 재산 등에 있어 비정상적인 정도로 위험에 처하거나 영향을 끼치는 사건,[6] 다수의 사람이나 동물의 생명, 건강, 환경, 상당한 실질적 가치 또는 국민의 생필품 공급에 있어 비정상적으로 위험하거나 손해를 발생시키는 사건,[7] 다수의 사람이나 자연생명체의 생명,

5) 연방재난관리청(Federal Emergency Management Agency), Glossary of Terms, p.2, https://www.fema.gov/pdf/plan/glo.pdf

6) 헤센주의 화재 예방, 일반 구호 및 재난 통제에 관한 법률[Hessisches Gesetz über den Brandschutz, die Allgemeine Hilfe und den Katastrophenschutz (Hessisches Brand-und Katastrophenschutzgesetz-HBKG)] 제24조, 이승후, 사회재난 법제에 대한 공법적 연구, 2021, 86쪽.

7) 바덴-뷔르템베르크 재난관리에 관한 법률[Baden-Württemberg Gesetz über den Katastr ophenschutz(Landeskatastrophenschutzgesetz-LKatSG)] 제1조 제2항. 이기춘, 독일 재난관리법의 기초, 지방자치법연구 제16권 제2호, 2016, 266쪽.

건강 또는 재산이 비정상적으로 위험에 처하거나 손상되는 사건으로서 그 위험을 회피할 수밖에 없는 경우[8] 등이 있다.

(3) 일본

폭풍, 회오리, 호우, 폭설, 홍수, 산사태, 토석류, 고조, 지진, 해일, 분화, 사태, 기타 이상 자연 현상 또는 대규모 화재 혹은 폭발, 기타 그 피해의 정도에 있어서 이와 유사한 법령으로 정하는 원인에 의해 생기는 피해[9] 등이 있다.

2) 재난과 재해, 위해, 위험의 구별

재해, 위해, 위험의 개념은 손해나 피해와 함께 민법이나 형법 등에서 법률상 용어로 사용되는데, 재해 · 위해 · 위험은 아직 발생하지 않은 잠재적 상황을 전제하고 있는 반면에, 법적 개념으로서 재난은 '피해를 줄 수 있는 것'뿐만 아니라, 이미 '피해를 준 것'도 포함하고 있는 「재난안전법」 제3조의 내용처럼 잠재적인 측면과 현실적인 측면을 모두 가지고 있다는 점에서 차이가 있다. 이렇게 재난과 유사하게 사용되는 용어들을 법적인 개념으로 구분해 보면 다음과 같다.

8) 바이에른주 재난관리법(Bayerisches Katastrophenschutzgesetz-BayKSG) 제1조 제2항, 이기춘, 위의 논문, 266쪽.

9) 일본 「災害對策基本法」 第2條.

(1) 재해

재해는 일반적으로 '(재난으로 인한)피해'의 의미를 가지는데, 이러한 개념은 이를 규정하는 개별 법규범이 어떤 목적을 추구하는가에 따라 정의의 범위가 달라질 수 있다.[10] 우리 헌법은 제34조 제6항에서 "국가는 재해를 예방하고 그 위험으로부터 국민을 보호하기 위하여 노력하여야 한다"고 하면서 재해라는 용어를 사용하고 있지만 구체적인 개념 설명은 없고, 「자연재해대책법」 제2조 제1호에서 법령상의 자연재난 및 사회재난으로 발생하는 피해를 재해로 규정하고 있다.[11]

기타 관련 법률상 재해 개념

- 「농어업재해대책법」 제2조 제1호: "농업재해"와 "어업재해"로 구분
  1) 농업재해는 "가뭄, 홍수, 호우(豪雨), 해일, 태풍, 강풍, 이상저온(異常低溫), 우박, 서리, 조수(潮水), 대설(大雪), 한파(寒波), 폭염(暴炎), 대통령령으로 정하는 병해충(病害蟲), 일조량(日照量) 부족, 유해야생동물('야생생물 보호 및 관리에 관한 법률' 제2조

10) 국민안전처, 안전 및 재난 관련 법체계의 합리화 및 개선방안에 관한 연구, 2014, 14쪽.

11) 1995년 이전에는 재난이란 용어보다 자연 현상으로 발생하는 피해를 뜻하는 재해라는 용어를 일반적으로 사용했는데, '성수대교 붕괴사고'나 '대구 지하철 가스폭발사고' 등의 대형 사고처럼 천재지변이나 불가항력에 의한 것이 아닌 대형사고의 예방과 관리체계의 필요성이 제기되었다. 이에 「인위재난에 관한 재난관리법」이 제정되면서 재난이란 용어가 등장하게 되었는데, 여기에 따르면 "자연재해는 제외한 화재·붕괴·폭발·교통사고·화생방사고·환경오염사고 등 국민의 생명과 재산에 피해를 줄 수 있는 사고"만으로 재난을 규정하였다. 이후 2014년 「재난안전법」이 제정되면서 자연재난과 사회재난을 통합하여 재난의 범위를 확대하였다.

제5호의 유해야생동물을 말한다), 그 밖에 제5조 제1항에 따른 농업재해대책 심의위원회가 인정하는 자연 현상으로 인하여 발생하는 농업용 시설, 농경지, 농작물, 가축, 임업용 시설 및 산림작물의 피해"

2) 어업재해는 "이상조류(異常潮流), 적조현상(赤潮現象), 해파리의 대량발생, 태풍, 해일, 이상수온(異常水溫), 그 밖에 제5조 제2항에 따른 어업재해대책 심의위원회가 인정하는 자연 현상으로 인하여 발생하는 수산양식물 및 어업용 시설의 피해"

• 「산업재해보상보험법」 제5조 제1호: '업무상 재해' 개념을 규정

1. 업무상 재해란 "업무상의 사유에 따른 근로자의 부상·질병·장해 또는 사망"[12]

(2) 위해

위해는 종종 위험과 혼용되는데, 이는 위해나 위험이 발생가능성이나 개연성의 정도에 차이가 있을 뿐, 양자 모두 아직은 발생하지 않은 잠재적인 특성을 가지고 있는 개념이기 때문이다. 다만, 위해는 위험과 비교할 때, 그 발생가능성은 더 높다고 할 수 있지만 발생의 범위는 상대적으로 좁으며 지역적인 성격을 갖는다. 또 위해는 대체적으로 자연발생적인 성격을 가지는데, 이는 위해가 사회구조와 밀접한 관련을 맺는 것은 아니라는 의미이며, 그렇기

12) 다만, 이러한 업무상 재해 개념은 재난 개념과는 차이가 있다. 왜냐하면 「산업재해보상보험법」에서 규정하는 업무상 재해 개념은 재난과 같이 자연적 재난이나 사회구조적이고 거대한 사회적 재난을 뜻하기보다는 근로자 개인에 초점을 맞춘 개인적 피해를 뜻하기 때문이다. 국민안전처, 앞의 보고서, 14쪽.

때문에 예측이 어렵다는 특징을 가진다.

(3) 위험

위험은 개인이나 특정 지역을 넘어서 불특정 다수 또는 대규모의 피해를 그 발생범위로 한다. 위험은 위해보다 상대적으로 발생가능성은 낮지만, 자연발생적이라기보다는 사회구조와 밀접하게 얽혀 있으므로 보다 용이한 예측이 가능하다고 본다.[13] 다만, 오늘날 자연적인 영역과 인간적인 영역의 경계가 불명확해지고 사회구조가 복잡해지면서 위해와 위험이 경계가 점점 사라지고 있다. 따라서 과거에는 예측하기 어려웠던 각종 자연발생적 위해들이 예측가능한 위험으로 변하고 있다고 말할 수도 있다. 즉, 위해가 위험으로 편입되고 있다고 볼 수 있으며, 이로 인해 특히 재난에 있어서 위해와 위험을 개념적으로 구별하는 것은 큰 의미가 없을 수도 있다.

2 재난과 안전에 관한 권리

1) 재난과 안전

안전의 법적 개념은 현재의 법익침해로부터 자유로운 상태를

13) 국민안전처, 앞의 보고서, 20-21쪽.

말한다. 여기서 법익은 생명, 신체, 자유, 재산과 같은 개인적 법익뿐만 아니라 국가적·사회적 법익과 같은 이른바 공익도 포함한다. 현재의 법익을 침해하는 요인에는 각종 범죄나 재난 등도 포함되므로, 안전은 현재의 법익침해를 야기하는 각종 재난으로부터 자유로운 상태라고 할 수 있겠다.[14]

법률로 제정되지는 않았지만, 지난 2020년 국회에서 논의했던 「안전기본법안」은 안전을 '재난이나 그 밖의 각종 사고로부터 사람의 생명·신체·재산 및 국가에 위험이 없는 상태'라고 규정하였고, 같은 시기 「생명안전기본법안」은 '사람의 생명·신체·재산 및 국가에 대하여 다양한 형태의 재난·재해 또는 사고의 위험이 없는 상태'라고 규정하기도 하였다. 따라서 안전이란 '재난으로부터 자유로운 상태'라고 말할 수 있다. 재난으로부터 국민의 생명·신체·재산이나 국가의 피해가 없는 상태가 안전의 개념인 것이다.[15] 그렇다면 법령상 재난의 반대 상황을 의미하는 상대어를 '안전'이라고 할 수 있는데, 「재난안전법」의 제정 목적과 이념을 살펴보면 보다 명확해진다.

「재난안전법」의 목적 및 기본이념

제1조(목적) 이 법은 각종 재난으로부터 국토를 보존하고 국민의 생명·신체 및 재산을 보호하기 위하여 국가와 지방자치단체의 재난 및 안전관리체제를 확립하고, 재난의 예방·대비·대응·복구와 안전문화활동, 그 밖에 재난 및 안전관리에 필요한 사항을 규정함

14) 국민안전처, 위의 보고서, 26쪽.
15) 국민안전처, 위의 보고서, 13쪽.

을 목적으로 한다.

제2조(기본이념) 이 법은 재난을 예방하고 재난이 발생한 경우 그 피해를 최소화하는 것이 국가와 지방자치단체의 기본적 의무임을 확인하고, 모든 국민과 국가·지방자치단체가 국민의 생명 및 신체의 안전과 재산보호에 관련된 행위를 할 때에는 안전을 우선적으로 고려함으로써 국민이 재난으로부터 안전한 사회에서 생활할 수 있도록 함을 기본이념으로 한다.

이렇게 국가 및 지방자치단체는 국민의 생명, 신체, 재산 등을 재난으로부터 보호하고, 국민이 안전하게 생활할 수 있도록 재난관리 및 안전관리의 법적 의무를 가지고 있다.[16] 재난관리 및 안전관리에 대한 법령상 정의는 다음과 같다.

「재난안전법」상 재난관리 및 안전관리[17]

제3조(정의) 이 법에서 사용하는 용어의 뜻은 다음과 같다.

3. "재난관리"란 재난의 예방·대비·대응 및 복구를 위하여 하는 모든 활동을 말한다.
4. "안전관리"란 재난이나 그 밖의 각종 사고로부터 사람의 생명·신체 및 재산의 안전을 확보하기 위하여 하는 모든 활동을 말한다.

---

16) 「재난안전법」 제4조(국가 등의 책무) ① 국가와 지방자치단체는 재난이나 그 밖의 각종 사고로부터 국민의 생명·신체 및 재산을 보호할 책무를 지고, 재난이나 그 밖의 각종 사고를 예방하고 피해를 줄이기 위하여 노력하여야 하며, 발생한 피해를 신속히 대응·복구하기 위한 계획을 수립·시행하여야 한다.

17) 「재난안전법」 제3조 제3호 및 제4호.

2) 국가의 안전에 관한 의무

근대 이후 인류가 국가라는 공동체를 창설한 중요한 이유 중 하나는 개인이나 개별 집단이 감당하기 어려운 위험, 예컨대 외부의 침략이나 범죄로부터 안전을 확보하고자 함이었다. 따라서 국가의 대표적인 임무이자 기능은 국민의 안전보장이 된다. 대내·외적 위험으로부터 안전을 확보한다는 것은 국민의 생명과 재산을 보호한다는 의미가 되는데, 과거보다 훨씬 더 다양한 위험으로부터 안전을 위협받고 있는 오늘날, 현대 국가의 관점에서도 안전은 여전히 국가의 존립 근거이자 주요한 임무이다.

또 안전은 '자유의 전제로서 위험이 없는 상태'라는 의미도 갖는다. 안전은 위험이 없는 상태를 뜻하는데, 이러한 안전이 확보된 상황에서만이 여러 가지 자유가 의미가 있다는 것이다.[18] 즉, 근대 국가 성립의 핵심적 가치인 '자유'도 안전이 확보되지 않은 상황에서는 존재할 수가 없기 때문에, 국가의 존재 목적은 위험으로부터 국민을 보호해서 안전을 보장하는 것이며, 국가는 이를 이행할 의무를 지닌다. 특히, 자연재난, 사회재난은 국민의 생명·신체·재산에 대한 중대한 위협이다. 물론 자연재난은 인간이 물리적으로 통제할 수 있는 영역을 넘어서지만, 그렇기 때문에 국민들은 그것들로부터 자신들의 안전을 지킬 수 있는 보호자로서 국가를 상정한 것이다.[19] 자연재난뿐 아니라 다양한 재난 관련 사고들로부터 국민 개개인의 안전을 확보하고 보장해주어야 할 최종적 책임과

18) 국민안전처, 앞의 보고서, 26쪽.
19) 김정훈, 헌법상 국민의 안전권 구현에 관한 연구, 2021, 67쪽.

의무를 국가가 부담해야 한다는 것인데, 오늘날 대형 참사 등 재난 발생의 위험은 더욱 커져가고 재난의 위험에도 항상 노출되어 있는 상황에서 국가의 위기관리 측면에서도 국민의 안전권 보호의무는 더 중요해질 수밖에 없다.[20]

한편, 우리 헌법 제10조의 "국가는 개인이 가지는 불가침의 기본적 인권을 확인하고 이를 보장할 의무를 진다"는 규정은 국가가 국민의 기본권을 보호할 의무가 있음을 천명하고 있다. 따라서 다음에서 살펴보겠지만, 기본권성이 긍정되는 안전권에 대한 국가의 보장의무는 명백하다. 일반적으로 국가의 기본권 보장의무 준수 여부는 국가가 기본권을 침해해서는 안 된다는 이러한 전제를 위반했는지를 중심으로 다루어지지만, 오늘날 위험이 일상화된 사회에서 국가의 안전권 보장의무는 국가의 안전권 침해금지의무뿐 아니라 안전권의 실현을 위한 국가의 적극적 행위를 요구할 수 있는 권리도 포함한다. 즉, 국가는 위험의 예방·대응·회복을 내용으로 하는 안전관리, 재난관리를 통하여 국민의 안전권을 보장하고 실현해야 하는 것이다.[21] 국가의 안전권 보호의무는 이외에도 헌법 제34조 제1항 인간다운 삶에 대한 권리 및 제34조 제6항 국가의 재해예방의무 등에서도 찾아볼 수 있다.

3) 헌법상 기본권으로서 (재난)안전권

안전권이란 다양한 형태의 자연재난 및 사회재난의 위협, 그

20) 이승후, 앞의 논문, 18쪽.
21) 신용인, 위험사회와 안전권, 원광법학 제36권 제3호, 2020, 23쪽.

리고 그 밖의 각종 재난 관련 사고의 위협으로부터 헌법상 보장된 개인의 생명·신체 및 재산 등과 같은 법익을 온전히 보호받거나 보장받을 수 있는 국민의 권리를 의미한다. 이는 앞서 살펴본 것처럼, 국가가 각종 재난과 사고의 위협으로부터 국민 개개인의 안전을 확보하고 보장해야 할 최종적인 책임과 의무를 가지고 있다는 기본권 보호의무와 이어진다. 현행 헌법에 명시적으로 안전권을 규정하고 있지는 않지만, 전문을 비롯하여 제10조, 제34조 제3항, 제36조 제6항, 제37조 제1항 등에서 안전에 관한 권리의 내용을 도출해 낼 수 있다.

대표적으로 헌법 전문의 "우리들과 우리들의 자손의 안전과 자유와 행복을 영원히 확보할 것을 다짐하면서"라는 부분은 대한민국헌법이 지향해야 할 기본원리로서 안전의 확보를 분명히 드러내고 있다. 이 '안전의 확보'는 대외적 측면에서 국가의 안전보장의무를 의미하기는 하지만, 재난으로부터 생명·신체·재산을 보호해야 할 국가적 의무를 포함하는 것이다. 또한 헌법 제34조는 사회적 기본권을 6개의 항으로 규정하고 있는데, 제6항에서 "국가는 재해를 예방하고 그 위험으로부터 국민을 보호하기 위하여 노력하여야 한다"고 하면서 기본권으로서의 안전권을 규정하고 있다. 이는 재해예방 및 보호를 위해 노력할 국가의 의무를 통해서 각종 재해로부터 국민들이 안전할 권리가 보장되고 있다고 해석된다.[22] 해당 조항은 현행 헌법으로의 개정 시 처음 등장하게되는데, '위험'과 '예방'이라는 용어를 사용한다는 점에서 개정 당시 현대 사회에서

22) 유승용, 헌법상 안전권의 필요성과 실현 과제, 2023, 95-96쪽.

새롭게 등장하는 재난 유형을 인식하고, 이를 대비하기 위한 헌법적 고려가 반영된 것으로 보인다. 다르게 말하면 국가가 재난 발생의 위험성을 인지하고, 국민을 이로부터 보호해야 한다는 취지가 헌법에 반영되었다는 것이다. 따라서 제34조 제6항은 조항 내용 그 자체만으로 국가가 위험으로부터 국민을 보호해야 하는 의무를 직접적으로 규정하고 있는 것으로 볼 수 있다.23)

한편 재난 안전권은 보통 자연재해로부터의 안전과 각종 사고로부터의 안전을 의미하는데, 헌법 제34조 제6항에서 규정하고 있는 '재해'는 자연재해와 사고를 포함하는 용어로 '재난'과 같은 의미로 보아야 할 것이다. 따라서 국가는 재난위험으로부터 국민의 안전을 보장할 의무를 지는 것이다. 물론 헌법재판소는 재난 안전권을 아직 헌법상 기본권으로 인정하고 있지는 않지만, 현대 사회가 위험사회로 변모했다는 점에서 재난 안전권을 기본권으로 인정해야 할 필요가 있고, 보호 영역도 자연재해 위험 또는 사고 위험으로부터의 보호라는 등 비교적 명확하므로, 헌법상 구체적 권리로서의 실질에 부합한다고 할 것이므로 재난 안전권의 기본권성을 긍정하는 것이 타당하다.24)

4) 법령상 안전권의 보장

헌법 제34조 제6항에서 "국가는 재해를 예방하고 그 위험으로부터 국민을 보호하기 위하여 노력하여야 한다"고 규정함으로써

23) 유승용, 위의 논문, 86쪽.
24) 신용인, 앞의 논문, 20쪽.

자연재해 등으로부터 국민을 보호해야 할 국가의 의무를 부과하고 있고, 헌법의 관련 규정들을 통해 헌법상 기본권으로서 안전권이 인정되므로, 입법자인 국회는 이를 보다 구체화하여 「재난안전법」, 「재해구호법」 등 일련의 법률을 통해 안전권을 명확하게 제시하고 있다.[25] 이러한 안전권 실현을 위한 적극적인 국가활동의 요청은 여기서 더 나아가 의료안전, 식품안전, 원자력안전, 환경안전, 생태안전, 기후안전, 생활안전, 사회안전 등의 분야로 확대되고 있고, 명칭에 '안전'이라는 용어를 포함하지 않더라도 이와 관련된 법령들이 많이 있다.[26]

(1) 자연재난 및 안전관리 법제

자연재난의 관리와 관련해서는 여러 법률이 있는데, 「자연재해대책법」, 「재해구호법」, 「농어업재해대책법」, 「급경사지 재해예방에 관한 법률」, 「재해위험 개선사업 및 이주대책에 관한 법률」, 「재해경감을 위한 기업의 자율활동 지원에 관한 법률」, 「지진・화산 재해대책법」, 「저수지・댐의 안전관리 및 재해예방에 관한 법률」 등이 그것이다. 대표적인 자연재난 안전관리 법인 「자연재해대책법」은 태풍・홍수 등 자연 현상으로 인한 재난으로부터 국토를 보존하고, 국민의 생명・신체 및 재산과 주요 기간시설을 보호하기 위하여 자연재해의 예방・복구 그 밖의 대책에 관하여 필요한 사항을 정함을 목적으로 하고 있다. 또한 「재난안전법」이 제정

25) 이승후, 앞의 논문, 21-22쪽.

26) 김재윤, 위험사회에서 형법을 통한 위험조종의 가능성과 한계: 위험형법과 적대형법을 중심으로, 일감법학 제25권, 2013.6, 127쪽.

되면서 통합된 여러 가지 제도 및 기관에 관하여 조문을 재정리하고 재해영향성검토, 비상대처계획, 자연재해저감 종합계획, 복구사업의 관리 등 근원적 재난예방 및 복구제도 개선을 위한 신규 제도를 획기적으로 도입하였다. 「자연재해대책법」은 「재난안전법」과의 관계에 있어서 특별법으로서 지위를 가지므로, 규정의 내용에 충돌이 있는 경우에는 「자연재해대책법」이 우선하게 된다. 「자연재해대책법」의 수범자는 주로 국가와 지방자치단체와 재해를 관리하는 관련 기관이 되며, 국가와 지방자치단체의 의무사항과 재해대책에 필요한 권한 사항, 조직과 기관 간의 협력체계 등을 규정하고 있다.

「자연재해대책법」의 주요 내용

- 개발사업자의 허가 제한(제7조)
- 재해관리를 위한 토지 · 시설물 출입에 대한 수인의무(제11조)
- 자연재해위험개선지구 정비사업과 재해복구사업 시행에 따른 수용 · 사용 등 각종 조치에 대한 수인 의무(제14조의2~제15조, 제56조)
- 건축물 관리자의 제설 책임(제27조)
- 개발사업 시행자의 우수유출저감시설 설치 의무(제19조의6)
- 관리대책대행자의 사업상 각종 의무와 권한(제40조~제44조)
- 방재재해복구사업의 시행에 필요한 토지 등의 수용 및 사용
- 방재신기술 개발자 · 소유자의 보호 등(제61조~제62조)
- 방재관리대책 업무 대행자의 사업상 의무 등(제63조의2)
- 토지나 시설 출입으로 인한 손실보상(제68조)

또 다른 자연재난인 지진으로부터의 재해는 제정 당시 「자연재해대책법」에서 풍수해, 가뭄, 설해 등과 함께 규정되었으나, 2008년 3월 28일 「지진재해대책법」이 제정되면서 「자연재해대책법」에서는 삭제되고, 「지진재해대책법」에서 별도로 규정하게 되었다. 현행 「지진재해대책법」은 지진 등의 위험으로부터 국민의 생명과 재산을 보호하기 위해서 지진과 지진해일의 관측·예방 및 대비, 내진대책, 지진에 대한 대응 및 지진재해경감을 위한 연구·기술개발 등에 관한 사항을 규정하고 있다.

(2) 사회재난 및 안전관리 법제

사회재난과 안전에 관련해서는 대표적으로 「소방기본법」, 「해양경찰법」 등이 있고, 「119구조·구급에 관한 법률」, 「수상에서의 수색구조 등에 관한 법률」, 「초고층 및 지하연계 복합건축물 재난관리에 관한 특별법」, 「원자력시설 등의 방호 및 방사능 방재 대책법」, 「민방위기본법」, 「해외긴급구호에 관한 법률」, 「화학물질관리법」, 「생활화학제품 및 살생물제의 안전관리에 관한 법률」 등 다양한 영역을 대상으로 법률이 세분화되어 있다.

그 중에서 소방청 소관법령인 「초고층 및 지하연계 복합건축물 재난관리에 관한 특별법」은 초고층 및 지하연계 복합건축물과 그 주변지역의 재난관리를 위하여 재난의 예방·대비·대응 및 지원 등에 필요한 사항을 정하여 재난관리체제를 확립함으로써, 국민의 생명, 신체, 재산을 보호하고 공공의 안전에 이바지함을 목적으로 한다. 이 법의 제2장 예방과 대비에서는 사전재난영향성 검토협의, 재난예방 및 피해경감계획의 수립, 제출 등 통합안전점검의 실시, 교육 및 훈련, 종합방재실의 설치 · 운영, 종합재난관리체제의 구축, 피난안전구역 설치, 유해 · 위험물질의 관리 등 설계도서의 비치 등에 대해 규율하고 있다. 아울러 제3장 재난대응 및 지원에 관하여는 4개 조문을 두고 있는데, 재난대응 및 지원체계의 구축, 초기대응대 구성 · 운영, 재난 정보의 공유 및 전파, 대피 및 피난유도 등을 규정하고 있다.27)

3 재난에 대한 법의 기능(역할) – 재난관리

1) 법령상 재난 및 안전관리

재난은 누구에게나 발생할 수 있는 불가항력적인 사건으로 자연, 인재, 테러 등 다양한 원인으로 인해 발생할 수 있으며, 재난으로 인해 발생하는 피해는 사람의 생명과 재산을 위협하게 된다. 따라서 국가는 재난과 관련된 법률을 통해 재난피해를 예방하고, 재난 발생 시 피해를 최소화해야 한다.

국가가 보다 구체적으로 재난을 예방하고, 재난 발생 시 대응하기 위해서는 우선 법이 필요하다. 예컨대, 화재라는 재난을 예방하기 위해서 「건축법」은 건물을 지을 때 안전 기준을 준수하고 화

27) 「초고층 및 지하연계 복합건축물 재난관리에 관한 특별법」(https://www.law.go.kr/).

재 경보시스템 등을 설치도록 규정하고 있으며, 화재 발생 시 「소방법」은 화재를 진압하고 사람들을 안전하게 대피시키는 방법과 같은 대응 시스템 구축을 마련하도록 하고 있다. 뿐만 아니라 법은 재난으로 인한 피해를 복구하고, 재난의 재발을 방지하는 데에도 중요한 역할을 한다. 예컨대, 자연재해로 인해 집을 잃은 사람들을 위해 국가는 재난지역을 선포한다든지, 복구와 관련된 재정 지원을 할 수 있지만, 무작정 할 수 있는 것이 아니라 이른바 법치(행정)주의에 따라 그러한 국가 행위의 법적 근거가 반드시 있어야만 한다. 따라서 국가는 재난을 예방하고 피해를 최소화하기 위해 법률을 제정하고 시행해야 하는 것이다. 앞서 살펴본 것처럼, 재난과 관련된 법률로는 「재난안전법」, 「재난구호법」, 「감염병예방법」, 「화재예방, 소방시설 설치·유지 및 안전관리에 관한 법률」 등이 있는데, 이러한 법률은 재난 발생을 예방하고, 재난 발생 시 피해를 최소화하기 위한 규정 등을 담고 있다.[28)]

한편 재난 및 안전관리 업무의 총괄 및 조정을 위해 국가 및 지방자치단체가 행하는 재난 및 안전관리 업무는 행정안전부 장관이 담당한다.[29)] 국가와 지방자치단체는 자연재해와 같은 재난 상황을 관리하기 위해 [그림 4-1]과 같은 재난 상황 관리체계를 갖추고 있다(제4장 [그림 4-1] 참고).[30)]

28) 이승후, 앞의 논문, 58-59쪽.

29) 「재난안전법」 제6조.

30) 「재난안전법」 제18조, 제25조의2 및 「기상청 재난 및 안전관리 업무에 관한 규정」(기상청훈령 제1006호, 2021.5.4. 발령·시행) 제5조 제1항 및 [별표 1].

2) 재난관리-예방 · 대비 · 대응 및 복구

(1) 재난관리체계와 법령

「재난안전법」 제3조 제3호에서는 "재난관리란 재난의 예방 · 대비 · 대응 및 복구를 위하여 행하는 모든 활동을 말한다"고 규정하고 있다. 이러한 정의 규정에 따르면, 재난관리는 재난을 사전에 대비하고 위험 요소를 제거하는 활동과 재난이 발생하였을 때 이를 수습하고 복구하는 모든 활동을 말한다. 즉, 「재난안전법」에 나타난 재난에 대한 조치를 분석해 보면, 재난관리의 과정을 4단계 '예방 단계', '대비 단계', '대응 단계' 및 '복구 단계'로 구분하고 있음을 알 수 있다.

먼저, '예방 단계'는 미래에 발생할 가능성이 있는 재난을 사전에 예방하고, 재해 발생의 기회를 줄이며, 피할 수 없는 재해의 피해를 완화시킬 수 있는 활동을 말하고, '대비 단계'는 재난에 대한 예방 단계의 제반활동에도 불구하고 재난의 발생 확률이 높아진 경우, 재난 발생 시 효과적으로 대응할 수 있도록 사전에 대비체제를 갖추는 단계라고 할 수 있다.

그 다음의 단계인 '대응 단계'는 재난이 현실화되어 발생한 경우 신속한 대응활동을 통하여 인명과 재산피해를 최소화하면서 재난의 확산을 방지하고, 복구가 원활히 이루어질 수 있도록 활동하는 단계를 말하며, 마지막 단계인 '복구 단계'는 급한 재난 상황이 어느 정도 마무리된 후에 재난 이전의 상태로 사회질서를 회복시키는 활동을 말한다. 그렇다고 해서 재난관리의 예방 · 수습 · 복구 등의 과정들이 독립적인 과정이라고 이해하기보다는 상호 유기적

표 1-1 「재난안전법」상 재난관리 단계31)

예방 단계	재난관리체제 구축, 재난예방대책 수립·시행, 각종 안전점검 및 안전문화운동, 징후감시, 재해위험지구관리, 피해저감 제도 개선 및 연구개발, 재난취약시설 점검·정비, 정보시스템 개선, 시설물비상대처계획
대비 단계	재난 정보·상황관리체계 확립, 자원동원계획 및 재난대응훈련 계획 수립·시행, 재난관리정보시스템 구축, 유관기관과의 긴급 지원체계 구축, 재난 대비 대국민 홍보 및 교육훈련, 행동매뉴얼 정비 및 국민 행동요령 홍보대응체계 및 비상연락업무체계 정비, 지방자치단체 및 관련 행정기관의 대비대책 조정 및 지원, 재난예보경보체계 구축
대응 단계	재난상황보고체계 구축, 초기 대응체제 확립, 유관기관 협조·지원체제 구축, 긴급구조, 이재민 대책 및 대책본부 구성·운영, 재난예보·경보 신속전파, 민관협력체계 구축, 비상 단계 근무계획, 사고수습기구 운영 방안, 재난방지대책, 긴급수송대책, 구조구급 의료대책, 청소·방역대책, 비상급수 및 생필품 보급, 시설물 응급복구계획, 이재민 수용 및 구호물자 공급
복구 단계	재난합동조사단 구성 운영, 피해배상(보상), 자원봉사단 활용, 항구적 복구 및 재발방지대책, 피해조사, 재난복구비용 지원대책(대상, 기준, 비용산정, 지원 절차)

출처: 중앙안전관리위원회, 제4차 국가안전관리기본계획(2020~2024).

이며, 순환적인 성격을 가지고 있다고 봐야 한다.32)

실정법의 규정 내용들을 살펴보면, 「재난안전법」 제3조 제4호는 "안전관리란 재난이나 그 밖의 각종 사고로부터 사람의 생명·신체 및 재산의 안전을 확보하기 위하여 하는 모든 활동을 말한다"고 규정하고 있고, 「저수지·댐의 안전관리 및 재해예방에 관한 법률」 제2조 제7호에서는 "안전관리란 저수지·댐으로 인한 재

31) 이공주, 자연재해 구제에 대한 국가책임에 관한 연구, 법학연구 제20권 제1호, 2020, 434쪽의 표를 수정 후 재인용.

32) 김정훈, 앞의 논문, 29쪽.

해를 방지하고 공공의 안전을 위하여 저수지 · 댐 관리자가 「시설물의 안전관리에 관한 특별법」 및 「농어촌정비법」 등 관련 법령에 따라 행하는 안전점검, 정밀안전진단, 유지 · 보수 · 보강, 사용제한, 철거 등 모든 행위를 말한다"고 규정하고 있다. 이러한 법령상 안전관리의 개념은 기본적으로 위험억제 내지 리스크관리와 관련되어 있는데, 인간이 갖는 위험을 최소화하는 일련의 활동 전체가 포함된다고 할 것이다.

이렇게 볼 때 재난관리 개념과 안전관리 개념은 기본적으로 동일한 측면이 있으나, 재난에 한정하지 않고 모든 위험의 억제 요소를 담고 있는 안전관리가 재난관리보다는 넓은 개념으로 볼 수 있다. 따라서 안전관리란 재난을 인간의 힘에 의하여 관리함으로써, 그 피해를 최소화하기 위한 일련의 활동과 그 과정이라고 정의할 수 있다. 재난과 안전관리의 문제를 또 다른 관점에서 살펴본다면, 재난을 전제로 할 때 재난관리는 곧 방재의 문제로서 재난의 예방이나 회복이 주된 관점이 된다고 할 것이고, 안전관리는 재난 예방 차원뿐 아니라 모든 단계에서의 위험과 리스크를 줄이는 모든 조치를 의미한다고 할 수 있다.[33]

33) 김정훈, 앞의 논문, 31쪽.

표 1-2 재난관리 단계와 법령[34)]

예방 및 대비		
재해영향평가 등과 원인조사	재해영향평가 등 재해원인 조사·분석	「자연재해대책법」 및 같은 법 시행령, 시행규칙
재해위험 지역·지구 등의 지정	특정 관리대상지역 지정 및 관리, 자연재해위험개선지구 지정 및 정비	「자연재해대책법」 및 같은 법 시행령, 「재난안전법」 및 같은 법 시행령, 「토지이용규제 기본법」
재난방지시설 및 자원 등의 관리	재난방지시설 및 긴급안전점검, 재난관리 자원 및 통신망 등 관리	「재난안전법」 및 같은 법 시행령
매뉴얼 운영 및 재난대비훈련	재난관리기준 및 매뉴얼, 재난대비훈련	「재난안전법」 및 같은 법 시행령
재해별 예방대책	풍수해, 설해, 가뭄, 폭염 및 한파	「자연재해대책법」 및 같은 법 시행령, 시행규칙
대응		
재난 예보·경보 체계	재난에 관한 예보와 경보	「재난안전법」 및 같은 법 시행령
재난사태선포 및 조치	위기경보 발령과 재난사태 선포, 응급조치 등	「재난안전법」 및 같은 법 시행령
긴급구조	긴급구조활동	「재난안전법」 및 같은 법 시행령, 시행규칙
복구		
재난피해 조사 및 재해복구	재난피해 조사, 재해복구	「재난안전법」 및 같은 법 시행령
특별재난지역	특별재난지역 선포 및 지원	「재난안전법」 및 같은 법 시행령
비용 등의 지원	비용부담과 손실보상 등 복구비 지원	「재난안전법」 및 같은 법 시행령, 시행규칙

34) 찾기 쉬운 생활법령 정보(https://easylaw.go.kr/CSP/CnpClsMain.laf?popMenu=ov&csmSeq=1465&ccfNo=1&cciNo=1&cnpClsNo=1&menuType=lsi&search_put=, 2023년 6월 1일 최종 검색).

(2) 재난예방 및 대비 단계

예방 단계는 재난이 실제로 발생하기 전에 재난 촉진 요인을 미리 제거하거나 재난 요인이 가급적 표출되지 않도록 억제 또는 예방하기 위해 위험감소계획을 집행하고, 장기적인 위험의 정도를 감소시키려는 활동이다. 이 단계에서는 계획·규제·조세제도·재난관리정보체계 등의 도구를 활용할 수 있다. 자연재난 관리의 예방기능으로는 방재시설의 점검·정비, 재해위험시설의 점검·정비, 재해위험지구의 지정 및 정비, 상습 침수 지구에 대한 피해원인 조사·분석 등을 들 수 있다. 사회재난 관리의 예방기능으로는 재난의 예측 및 정보전달체계의 구축, 재난 발생 위험이 높은 분야에 대한 안전관리체계의 구축 및 안전관리 규정의 제정, 재난 발생 위험이 높은 시설 및 지역의 지정·관리 등이 있다.

한편, 개인의 권리보호 측면에서 보면, 재난관리의 예방 단계에서 개인의 재산권보호와 개인의 행동의 자유에 대한 과도한 침해 여부가 문제될 수 있는데, 이 경우 비례의 원칙의 위반에 대한 판단은 매우 어렵게 된다. 왜냐하면 권리침해의 현실적 정도가 드러나 있지 않은 상황에서 추상적으로 예측해서 권리침해의 비교형량이 필요하기 때문이다. 따라서 이 단계에서의 국가의 행정작용은 재량적 조치 또는 판단 여지에 따라 행해지는 것이 일반적이라고 할 수 있다.[35]

대표적인 재난예방으로 법령에 따른 재해예방사업에 대해 살펴보면 다음과 같다. 태풍과 집중호우 등 자연 현상으로 인한 재해

---

35) 김정훈, 위의 논문, 36쪽.

를 예방하고 경감하기 위해 「저수지 · 댐의 안전관리 및 재해예방에 관한 법률」, 「급경사지 재해예방에 관한 법률」, 「소하천정비법」, 「재해위험 개선사업 및 이주대책에 관한 특별법」, 「소규모 공공시설 안전관리에 관한 법률」을 두고 있고, 「자연재해대책법」에 따라 자연재해위험개선지구 정비사업을 추진하고 있다.

표 1-3 법령의 주요 목적 및 재해예방사업 현황[36)]

- **저수지 · 댐의 안전관리 및 재해예방에 관한 법률**: 저수지 · 댐의 안전관리와 재해예방을 위한 사전점검 · 정비 및 재해가 발생할 경우 대응 등에 관한 사항
- **급경사지 재해예방에 관한 법률**: 급경사지 붕괴위험지역의 지정 · 관리, 정비계획의 수립 · 시행, 응급대책 등에 관한 사항을 규정
- **소하천정비법**: 소하천의 정비 · 이용 · 관리 및 보전에 관한 사항을 규정하여 재해를 예방하고 생활 환경 개선
- **재해위험 개선사업 및 이주대책에 관한 특별법**: 재해의 근원적 예방과 항구적 복구 등을 위하여 재해위험지구 개선에 필요한 재해방지대책 등에 관한 사항
- **소규모 공공시설 안전관리에 관한 법률**: 소규모 공공시설에 대한 안전점검 등 안전관리, 위험시설의 정비계획 수립, 긴급안전조치 등을 규정담보 보장금액

사업별	자연재해 위험 개선지구	급경사지 붕괴위험지역	재해위험 저수지	우수저류시설 설치	소하천 정비
법적 근거	「자연재해 대책법」 제12조	「급경사지 재해예방에 관한 법률」 제6조	「저수지 · 댐 재해예방에 관한 법률」 제9조	「자연재해 대책법」 제19조~제19조의7	「소하천 정비법」 제6조~제8조, 제13조
지정 현황 (사업 개소)	2,574개소 *풍수해생활권 55개소	1,919개소	724개소	213개소	22,229개소
시행 주체	지방자치단체				

36) 행정안전부 홈페이지, https://www.mois.go.kr/frt/sub/a06/b11/disasterGuarantee/screen.do

대비 단계는 재난 발생 시 재난대응을 위한 운영능력을 개발시키려는 활동으로서, 필요 자원의 사전 확보와 다양한 재난대응기관들의 사전 동의확보, 재난대응 활동가들에 대한 훈련, 재난대응계획의 사전개발과 정보체계 및 다른 수단을 준비하는 일련의 활동이다. 자연재난 관리의 대비기능으로는 재난조직 정비, 재난교육·훈련 및 재해예방에 관한 홍보, 재난용 물자와 자재의 비축 및 정비, 각종 개발계획과 연계한 홍수 유출량 감소대책 마련, 재해영향평가 방안의 강구, 경보의 발령 또는 전달이나 피난의 권고 또는 지시, 긴급수송 및 구조수단의 확보 등이 있다. 사회재난 관리의 대비기능으로는 재난 발생에 대비한 교육·훈련 및 재난예방에 관한 홍보, 물자·자재·장비의 지정·비축 및 정비, 긴급구조기관의 요원·자원봉사자 등에 대한 임무부여 등 인력관리, 긴급구조장비·물품 등의 수급관리 등이 있다.[37]

(3) 재난대응 단계

대응 단계는 재난이 발생하기 직전, 도중, 직후에 인명을 구하고 재산피해를 최소화하며, 복구의 효과성을 증진시키기 위하여 취해지는 활동이다. 이 단계는 정책의 집행 단계를 대표하는 단계로서 대비 과정을 기반으로 행해지게 되며, 주민의 인식 정도도 중요한 요소이다. 즉, 재난관리 과정에서 지역사회의 재난대응 계획이 진행 중에 있고, 특정 공무원이 그 활동에 대하여 책임을 지고 있다는 것을 지역주민들이 알 수 있게 해야 한다. 대응 단계는 재난관리의 전 과정 중에서 시간적으로는 가장 짧지만, 미리 진행되

37) 김정훈, 앞의 논문, 37쪽.

어 온 예방과 대비 단계의 결과이기도 하기 때문에 가장 중요한 과정이라고 할 수 있다. 이 단계는 실제로 재난이 발생한 경우 재난관리 관련 기관들이 수행하여야 할 각종 임무 및 기능을 적용하게 된다. 재난의 예방·대비 단계와 상호 연계하여 또 다른 손실 발생가능성을 감소시키고, 재난복구 단계에서 발생할 수 있는 문제들을 최소화시키는 활동 국면을 의미한다. 자연재난 관리에서의 대응기능으로는 수방·지진방재, 기타의 응급조치와 구호, 피해시설의 응급복구, 방역과 방범, 기타 질서의 유지가 있고, 사회재난 관리의 대응에는 현장지휘소의 설치·운영, 출입통제선의 설치·운영 등이 있다.[38]

(4) 재난피해 복구(회복) 단계

재난관리의 복구 단계는 재난이 발생한 직후부터 피해 지역이 재난이 발생하기 이전의 상태로 회복될 때까지의 활동으로서 초기 회복기간으로부터 정상상태로 돌아올 때까지 원조 및 지원을 제공하는 지속적인 활동이다. 자연재난 관리 단계의 복구기능으로는 방재책임자의 복구계획 수립과 시행, 복구계획에 대한 행정안전부 장관과 기획재정부 장관의 협의, 복구계획에 대한 중앙재난안전대책본부의 심의·확정 기능이 있다.

사회재난 관리의 복구기능으로는 사회재난으로 인한 피해를 효과적으로 수습·복구하기 위하여 특별한 조치가 필요하다고 인정될 경우 대통령의 특별재난지역 선포를 규정하고 있다. 복구 단계는 예방·대비·대응 단계와는 달리 복지행정적인 요소가 강하

38) 김정훈, 위의 논문, 38쪽.

여 급부행정의 속성을 갖는다. 따라서 피해를 줌으로써 발생하는 법적인 문제보다 복구를 행하지 않음으로써 발생하는 피해의 문제, 즉 부작위의 위법성 문제가 제기된다. 그러나 이 경우 복구를 행하지 않음으로써 발생하는 피해를 청구하는 것은 권리를 대상으로 행해지는 것이므로, 복구를 행하지 않는 것이 권리를 보호하지 않는 것에 해당해야 가능하게 되므로, 안전권의 법적 성격에 따라 국민의 피해에 대한 복구가 크게 달라질 수 있다. 안전권이 헌법상 기본권으로서 인정되어야지만 안전권의 침해로부터 발생하는 피해는 권리를 침해한 결과가 되어 권리구제가 인정될 수 있기 때문이다.[39)]

표 1-4 재난수습을 총괄 · 조정하기 위한 기구[40)]

중앙재난 안전대책본부	• 다음의 어느 하나에 해당하는 대규모 재난의 대응 · 복구(이하 "수습"이라 함) 등에 관한 사항을 총괄 · 조정하고 필요한 조치를 하기 위해 행정안전부에 중앙재난안전대책본부(이하 "중앙대책본부"라 함)를 두며, 중앙대책본부의 본부장(이하 "중앙대책본부장"이라 함)은 행정안전부 장관(재난안전법 제14조 제1항, 제3항 본문 및 재난안전법 시행령 제13조) • 재난 중 인명 또는 재산의 피해 정도가 매우 크거나 재난의 영향이 사회적 · 경제적으로 광범위해 주무부처의 장 또는 지역재난안전대책본부(이하 "지역대책본부"라 함)의 본부장(이하 "지역대책본부장"이라 함)의 건의를 받아 중앙대책본부장이 인정하는 재난 • 위 재난에 준하는 것으로서 중앙대책본부장이 재난관리를 위해 중앙대책본부의 설치가 필요하다고 판단하는 재난

39) 김정훈, 위의 논문, 39쪽.
40) 찾기 쉬운 생활법령 정보(https://easylaw.go.kr/CSP/CnpClsMain.laf?csmSeq=1465&ccfNo=1&cciNo=1&cnpClsNo=1, 2023년 6월 1일 최종 검색).

지역재난 안전대책본부	• 해당 관할 구역에서 재난의 수습 등에 관한 사항을 총괄・조정하고 필요한 조치를 하기 위해 시・도지사는 시・도재난안전대책본부를 두고, 시장・군수・구청장은 시・군・구재난안전대책본부설치(재난안전법 제16조 제1항) • 시・도재난안전대책본부 또는 시・군・구재난안전대책본부의 본부장은 시・도지사 또는 시장・군수・구청장(재난안전법 제16조 제2항)
중앙 및 지역사고 수습본부	• 재난관리주관기관의 장은 재난이 발생하거나 발생할 우려가 있는 경우, 재난 상황을 효율적으로 관리하고 수습하기 위한 중앙사고수습본부를 신속하게 설치・운영해야 하며, 중앙사고수습본부장은 해당 재난관리주관기관의 장(재난안전법 제15조의2 제1항 및 제2항) ※ "재난관리주관기관"이란 재난이나 그 밖의 각종 사고에 대하여 그 유형별로 예방・대비・대응 및 복구 등의 업무를 주관하여 수행하도록 「재난안전법 시행령」[별표 1의3]에 따른 재난 및 사고 유형별 재난관리주관기관을 말함(재난안전법 제3조 제5호의2 및 재난안전법 시행령 제3조의2) • 중앙사고수습본부장은 지역사고수습본부를 운영할 수 있으며, 지역사고수습본부장은 수습본부장이 지명(재난안전법 제15조의2 제5항)

한편, 복구 단계와 관련해서 「재난안전법」 제76조의5에 따라 음식점 등 20개 업종 시설은 화재, 붕괴, 폭발 등으로 인한 타인의 피해 보상을 위한 재난배상책임보험 의무가입대상에 해당한다.

표 1-5 재난배상책임보험 의무가입대상41)

20종 시설 요약				
(관광)숙박시설	과학관	물류창고	박물관	미술관
휴게 · 일반음식점 (1층)	장례식장	경륜장	경정장	장외매장
국제회의시설	지하(도)상가	도서관	주유소	여객자동차 터미널
전시시설	15층 이하의 공동주택	경마장	장외발매소	농어촌민박

재난취약시설에서 발생하는 화재 · 붕괴 · 폭발 사고 등으로 인해 타인이 입은 생명 · 신체 및 재산상의 손해를 보상한다(재난안전법 제76조의5). 재난배상책임보험은 보험가입자의 과실이 없는 경우에도 피해자가 입은 손해를 보상하는데 재난배상책임보험의 무

표 1-6 재난배상책임보험 보장 내역42)

담보	보장금액	
대인	사망	1명당 1억 5천만 원 *손해액이 2천만 원 미만인 경우에는 2천만 원
	후유장애	급별 보상한도 적용: 1급(1억 5천만 원)~14급(1천만 원)
	부상	급별 보상한도 적용: 1급(3천만 원)~14급(50만 원)
	*사고당 한도: 별도 제한규정 없음(무한)	
대물	사고 1건당 10억 원	

주: 보상한도 상세내역(재난안전법 시행령 제84조의6).

41) 행정안전부 홈페이지, https://www.mois.go.kr/frt/sub/a06/b11/disasterGuarantee/screen.do

42) 행정안전부 홈페이지, https://www.mois.go.kr/frt/sub/a06/b11/disasterGuarantee/screen.do

과실 책임주의에 따라 피해자에 대한 신속하고 실질적인 구제가 용이하다. 인명피해에 대해서는 1명당 최대 1억 5천만 원, 재산피해에 대해서는 사고 1건당 최대 10억 원의 범위에서 보상한다.

참고문헌

국민안전처(2014). 안전 및 재난 관련 법체계의 합리화 및 개선방안에 관한 연구.

김동주(2021). 국가위기관리와 법공학의 상호관계. 『明知法學』, 19(2).

김동주 외(2018). 안전 · 재난 관리 체계에 관한 비교법적 검토와 시사점. 『慶熙法學』, 53(4).

김명엽(2021). 재난안전취약계층을 위한 입법적 개선에 관한 연구. 『일감법학』, 제49호.

김소연(2017). 기본권으로서의 안전권 인정에 대한 헌법적 고찰. 『공법연구』, 45(3).

김용훈(2018). 기본권으로서의 안전권 조항의 헌법적 의의. 『東亞法學』, 第84號.

김재윤(2013). 위험사회에서 형법을 통한 위험조종의 가능성과 한계: 위험형법과 적대형법을 중심으로. 『일감법학』, 제25권.

김정훈(2021). 헌법상 국민의 안전권 구현에 관한 연구: 재난 및 안전관리 법제를 중심으로. 전남대학교대학원 박사학위논문.

김중권(2021). 대전환의 시대에 국가의 역할과 행정법(공법)의 개혁 및 현대화. 『공법연구』, 50(2).

신용인(2020). 위험사회와 안전권. 『원광법학』, 36(3).

여은태(2019). 재난관리 패러다임 변화를 위한 공법적 과제. 『公法學研究』, 20(3).

유승용(2023). 헌법상 안전권의 필요성과 실현 과제. 서울시립대학교 일반대학원 석사학위논문.

이공주(2020). 자연재해 구제에 대한 국가책임에 관한 연구. 『법학연구』, 20(1).

연방재난관리청(Federal Emergency Management Agency), Glossary of Terms, https://www.fema.gov/pdf/plan/glo.pdf

재해위험 감소 사무국(United Nations Office for Disaster Risk Reduction: UNISDR), Online glossary, https://www.undrr.org/terminology

국가법령정보센터.

국립국어원, 『표준국어대사전』.

찾기 쉬운 생활법령 정보.

행정안전부 홈페이지.

제 2 장

재난과 정부신뢰

1 재난관리 주체의 다원화

1) 전통적인 재난관리 주체로서의 국가

재난은 한 개인의 의지로 관리될 수 있는 범위를 넘어서는 특징들을 가진다. 재난의 대표적인 특성은 불확실성(uncertainty)과 복잡성(complexity), 누적성(cumulativity)과 긴급성(urgency), 그리고 희박성(rarity)과 안전불감증과의 관련성으로 설명될 수 있다(권욱, 2006). 따라서 재난은 국가와 전문적인 기관이 대응해야 할 영역이며, 재난관리의 일차 책임은 중앙정부와 지방자치단체가 지게 된다. 우리나라의 재난관리 대응체계의 특성을 살펴보면 중앙부처와 지방자치단체의 조직체계가 동일하게 구성되어 있음을 알 수 있다. 2004년 제정된 「재난 및 안전관리 기본법」 제9조에 따라 국무총리를 위원장으로 하며 행정안전부 장관이 간사를 맡는 중앙안전관리위원회가 구성되어 있으며, 동법 제11조에 따라 시·도 안전관리위원회 및 시·군·구 안전관리위원회가 구성되어 있다. 이처럼 정부 층위별로 위원회를 구성함으로써 지휘 및 지원체계가 신속하게 작동할 수 있으며, 업무가 원활하게 연계되도록 상호 간에 역할이 연동되어 있다.

중앙안전관리위원회는 재난 및 안전관리에 관한 정책 총괄 기구로서의 역할을 하고 있다. 주요 항목을 살펴보면 국가안전관리 기본계획의 심의, 재난사태의 선포, 특별재난지역의 선포, 재난 등 각종 사고 발생 시 이를 수습하기 위한 관계기관 간 협력에 관한 사항 등을 심의하는 역할을 관련 법령으로부터 부여받고 있다. 따라서 중앙안전관리위원회는 총괄 기구지만 실제 재난대응을 위한 집행보다는 심의 기구로서 기능하는 것이 주요 역할이다. 시·도 및 시·군·구 지역위원회 또한 심의·조정 기구로서 기능하고 있다.

재난 상황 발생 시 실제 구조활동을 수행하기 위한 총괄기관으로 소방청이 있다. 소방청은 「재난 및 안전관리 기본법」의 시행 시기였던 2004년에 소방방재청으로 출범하였다. 이로써 우리나라에서 국가 재난관리의 통합 대응체계를 구축하여 재난구조활동의 체계를 갖추게 된 것으로 평가받고 있다(공배완, 2014). 소방청의 주요 업무는 소방정책 수립 및 조정, 화재예방 및 소방시설 관련 제도 운영, 긴급구조 역량 강화 및 구조·구급정책의 기획·조정 등으로 실질적인 재난 총괄기구로서의 역할을 하고 있다. 다만, 소방청은 육상 재난대응 총괄기구를 맡고 있고, 국가적 차원의 대응이 필요한 재난 상황이 발생하면 사회적 재난은 행정안전부, 환경오염사고는 환경부, 해양재난의 경우에는 해양수산부, 감염병 및 진염병은 보건복지부가 주 대응부처가 된다. 특히, 「재난 및 안전관리 기본법」 제14조에 따라 대규모 재난이 발생하여 대응 및 복구가 필요할 경우, 이를 총괄·조정하기 위하여 행정안전부에 중앙재난안전대책본부를 두고 이에 대응하게 된다. 중앙재난안전대책본부장은 통상적으로 행정안전부 장관이 맡는다.

지방자치단체 또한 동법 제16조에 근거하여 시·도지사는 시·도재난안전대책본부를 두고, 시·군·구청장은 또한 시·군·구재난안전대책본부를 둔다. 이 경우, 각 본부의 장은 각 지역의 지방자치단체장이 맡게 된다.

이처럼 재난관리를 위해 최전선에 나서며, 최후의 수습까지 책임지는 주체는 국가와 지방자치단체이다. 하지만, 현대 사회에서는 과학과 기술이 발전함에 따라 기존의 전형적인 자연재해를 넘어서 재난 또한 대형화·복잡화되고 있다. 문명발달과 결합되어 나타나는 재난들은 시기와 장소에 따라 한 번 발생하면 그 양상이 예측 불가능하고 통제하기도 어렵게 되었다. 특히, 사회기반시설과 인구가 밀집되어 있는 도시지역은 지진, 홍수, 전염병 등 전통적인 개념의 재해와 재난의 위험성을 더욱 높인다. 게다가 고도로 발달된 교통망은 한 지역의 재난의 위험성을 전국으로, 나아가 전 세계로 확산시킬 수 있음을 코로나19 재난을 통해 확인하였다. 그 밖에도 방사능 누출, 대규모 교통사고, 대형 항공기의 추락 및 선박의 침몰, 다가구 주택의 붕괴와 같은 사고가 대량의 인명피해를 발생시켰던 사례들은 과학기술 및 문명의 발전에 따라 필연적으로 수반되는 재난임을 많은 사례들이 보여주었다(노진철, 2016).

2) 다원적 주체로서의 민관협력 네트워크

이처럼 대형화·복잡화되는 현대 사회의 각종 재난에 대해서 정부가 주도하는 획일적인 재난안전관리 정책이 효율성과 효과성에 있어서 한계가 있음이 지적되고 있다. 따라서 안전 및 재난예방에 대해 1차 책임이 있는 개개인으로서의 국민과, 기업, 사회단체 등 다양한 주체들의 참여와 적극적인 역할이 필요하다는 의견이 제기된다. 이와 관련하여 민간기관 또는 단체의 활동이 그동안 없었던 것은 아니다. 대한적십자사와 전국재해구호협회 등은 재난복구와 구호사업활동에 많은 참여를 해왔으나, 각각의 법적 근거에 따라 설립된 단체였기 때문에 재난대응을 위한 활동에 한계가 있었다. 즉, 이들 기관의 역량은 정부가 주도하는 대응·복구활동을 보조하는 역할에 한정될 수밖에 없었다. 또한 재해예방에 있어서 시민단체의 등장은 한국 사회의 다른 영역보다 상대적으로 늦어졌는데, 안전생활시민실천연합은 1996년 창립되어 지금까지 활동해 온 대표적인 민간단체로 들 수 있다. 그리고 2004년 「재난 및 안전관리 기본법」의 시행과 소방방재청의 설립으로 재난관리 통합 대응체계가 마련되면서 비정부 기관 및 단체가 정부와 대등한 협력관계를 형성하며 활동할 수 있는 가능성을 보이게 되었다(소방방재청, 2007).

「재난 및 안전관리 기본법」은 제12조의2에서 안전관리민관협력위원회의 구성 및 운영 규정을 두고 있고, 동법 제12조의3에서는 중앙민관협력위원회의 기능을 열거하고 있다. 중앙민관협력위원회는 재난 발생 시 인적·물적 자원 동원, 인명구조·피해복구 활동 참여, 피해주민 지원서비스 제공 등에 관한 사항 등 폭넓은 분야의 협의기능을 갖고 있다. 이렇게 정부조직과 기능에 민간위원이 참여할 수 있는 시스템을 제도화함으로써 재난 발생 시 기존의 단선적이고 획일화된 의사결정 및 집행 방식을 보완할 수 있는 기제를 마련하게 되었다.

또한 「국가를 당사자로 하는 계약에 관한 법」 시행령 제26조에는 정부와 민간기업의 수의계약을 규정하고 있다. 천재지변, 감염병 예방 및 확산 방지, 긴급복구가 필요한 수해 등 비상재해, 사고방지 등을 위한 긴급한 안전진단·시설물 개선, 그 밖에 이에 준하는 경우에 경쟁입찰 과정없이 전문 민간업체를 통하여 재난에 신속하게 대응할 수 있도록 되어 있다.

이처럼 민간전문가들이 위원회를 통하여 의사결정에 참여할 수 있는 근거를 제도적으로 구성하고, 긴급한 재난 발생 시 현장대응에 적합한 민간기관이 참여할 수 있는 법령을 마련하였음에도, 대형 재난 상황이 발생했던 다수의 지난 사례들에서는 이와 같은 시스템을 효과적으로 활용하지 못했다는 비판이 제기되어 왔었다. 대표적으로 2014년 있었던 세월호 침몰 사건의 예를 들면, 침몰 사고 당일 행정안전부에 중앙재난안전대책본부를 꾸려 대응에 나섰으나, 전체 탑승객과 구조된 자들의 현황조차 제대로 파악하지 못했다. 선체가 완전히 기울기 전 탑승자를 구조할 골든타임을 놓쳤고, 첨단 장비와 구조 노하우를 보유한 민간 구난업체들과의 즉각적인 협력을 통해 빠르게 대응하지 못했다. 이후 수중 선체에 남아있던 시신을 수습하고, 선체를 인양하는 작업 등을 민간 구난업체 및 인양업체 컨소시엄과 계약을 맺어 수행하였다. 세월호 침몰 사건은 사건 직전과 직후 현장의 1차 책임자였던 선장의 예방 및 대응에서부터 정부의 현황파악 및 신속대응, 효과적인 민간 자원 동원까지 각 재난관리 주체의 부실한 대응을 드러내었다.

이처럼 현대의 국가 재난관리는 산업화와 정보화 사회를 거치면서 경제성장과 함께 비대해졌다고 평가받는 현재 정부의 규모로도 충분히 대응하기가 쉽지 않다. 이에 따라 사회 각 분야의 민간 자원을 체계적으로 최대한 활용해야 할 필요성이 점차 높아지고 있다. 이를 위해서는 민관협력 네트워크의 구축·유지와 재난대응을 위한 협력 시스템을 지속적으로 확대해야 할 것이다. 또한 사회 각 분야의 조직 및 기구와 국민 모두가 재난관리의 주체가 되어 안전문화를 확신시킬 수 있도록 촉진하는 것이 무엇보다도 중요하다고 볼 수 있다.

정부의 민간단체 육성정책에 따라 재난관리와 관련된 민간단체들은 1990년대 이후부터 정부에서 일정 부분을 지원받아 활동하고 있다. 그러나 재난관리 분야의 특성상 재정 지원을 충분히 보장받지 못하기 때문에, 대부분의 경우 정부 주도 하에 정부 지원사업에 한정하여 주된 활동을 해왔다. 이후에도 재난 현장에서 자원봉사 자원이 특정 지역에 편중되고, 이들의 활동이 중복되거나, 기관 간 활동이 연계적으로 이루어지지 않으며, 구호활동 또한 체계적으로 이루어지지 않는 등의 문제가 지속적으로 대두되었다(소방방재청, 2007). 이처럼 체계적인 민관협력 재난관리시스템 구축의 필요성이 증가함에 따라 2004년 최초의 민관협력체계로 한국재난안전네트워크가 창립되었다. 당시 소방방재청은 대한적십자사, 안전생활실천시민연합, 새마을운동중앙회 등과 연계하여 전국 조직망을 보유한 민간봉사단체 10개 및 유관기관 4개가 참여함으로써 시작되었다. 이는 뉴거버넌스 형태의 민/관/산/학 네트워크로서 재난관리를 담당하는 각 기관 간의 원활한 협력을 통하여 효율적으로 재난관리활동을 수행하는 것이 주요 목적이다. 현재 16개 시・도에서 재난안전네트워크가 구성되어 활동 중이며, 11개의 정회원 및 6개의 협력회원이 등록되어 있다(국민재난안전포털, 2023).

표 2-1 한국재난안전네트워크 구성단체 정회원 및 협력회원 현황

단체/기관명	주요 목적
정회원	
대한간호협회	대표적인 간호사 협회로서 간호정책 혁신 및 국가 간호사업에 기여
대한의사협회	의료전문가 대표단체로서 국민보건 및 학술 진흥, 사회봉사활동 등을 수행
대한적십자사	취약계층을 위한 인도적 활동 및 이재민 구호・구조활동을 수행하는 법정 재난관리책임기관이자 국제구호 단체
새마을운동중앙회	국민운동단체로서 시민의식 선진화, 지역 활성화, 내고장 환경지킴이, 민간사회안전망, 재난구호활동 등을 전개
안전생활실천시민연합	교통/가스/화재사고 등 각종 안전사고를 시민이 예방하자는 취지로 활동 중인 비영리 시민단체
전국의용소방대연합회	전국 각 지역에 등록된 10만여 명의 대원들이 재난 현장에서 화재진압 등의 활동을 수행
한국구조연합회	각종 재난 발생 시 구조활동에 참여하는 것을 목적으로 하는 단체
한국아마추어 무선연맹	정당한 아마추어 무선통신과 실험 장려, 무선통신 분야의 기술 향상과 이의 보급 및 긴급 재해 발생 시 통신 지원과 인명구조활동
한국자원봉사센터협회	자원봉사센터 상호 간의 활동과 정보교환 및 자원봉사활동의 효율적 조정, 지원, 육성을 도모, 민주시민의식 배양과 공익증진 등에 기여하고자 하는 단체
한국자원봉사협의회	「자원봉사활동 기본법」에 따른 법정단체로 자원봉사계의 기본 인프라 기구로서의 역할 수행
해병대전우회중앙회	해병대 전역 장병들의 지역사회 발전 및 재난 시 구호 역할 등을 수행하기 위한 단체
협력회원	
사회복지공동모금회	'사랑의 열매' 캠페인 등 시민들의 자발적 성금 모금을 통해 우리나라 사회복지 전 분야에 성금 배분 등 활동 수행
안전보건공단(구 한국산업안전공단)	산업재해예방에 관한 효율적인 사업 수행 및 근로자의 안전과 보건 증진, 사업주의 재해예방을 위한 활동 수행
연세대학교 방재안전관리 연구센터	방재안전관리 연구기관

위기관리 이론과 실천	각종 위기관리를 학문적으로 체계화 하기 위한 협동 연구 공동체
한국시설안전공단	「시설물의 안전 및 유지관리에 관한 특별법」에 근거하여 시설물의 안전성 확보를 통한 국민의 생명과 재산보호를 목적으로 하는 정부출연기관
119매거진	소방방재전문잡지인 『119매거진』을 발간하며, 재난안전 인터넷뉴스를 운영하는 언론기관

출처: 국민재난안전포털 홈페이지(2023).

그간 있었던 중앙정부 주도의 재난관리 시스템의 한계를 지적하며, 최근에는 지역사회 기반 재난관리(community-based disaster management)에 대한 논의도 국내·외에서 활발하게 이루어지고 있다. 이 개념은 지역주민이 재난대응을 함에 있어 다른 주체들과 동등한 권한과 책임, 그리고 주체의식을 갖고 주체적으로 해당 지역의 문제를 해결하는 것을 의미한다(최준호·이동관·최충익, 2020). 즉, 재난이나 재해를 피하기 어려운 것으로 인식하고 평상시의 준비와 대응 능력을 향상시켜야 할 주체는 더 이상 국가가 아니라 바로 지역사회라는 것에 논의의 초점이 있다. 따라서 지방정부와 주민이 구축하는 민관협력 거버넌스를 통해 지역사회 기반의 재난관리 협력의 네트워크 구성, 재난 상황 발생 시 대응을 위한 실행체계 등도 앞으로 꾸준히 발전시켜 가야 할 과제일 것이다(노진철, 2016).

2 정부신뢰의 개념 및 영향 요인

1) 정부신뢰의 개념과 중요성

일반적으로 신뢰는 개인이나 조직의 행동에 대해 긍정적인 인식을 유지하는 것을 의미한다. 후쿠야마(Fukuyama, 1995)는 신뢰를 "한 사회 내의 구성원들이 보편적 규범에 기반하여 규칙적이고, 정직하며, 협동적인 행동을 할 것이라는 기대"로 정의한 바 있다(김민혜 · 이승종, 2017: 32에서 재인용). 여기에서 드러나는 신뢰의 주된 특징은 보는 사람의 시각에 의해 형성되는 주관적인 현상이라는 것에 있다. 정부신뢰는 '정부에 대한 신뢰'를 의미하므로, 정부의 행위가 옳고 공정하다고 인식하는 시민의 인식(confidence)을 나타낸다고 할 수 있다(Easton, 1965).

그러나 정부신뢰의 개념에 대해 합의된 정의는 없으며, 학자들마다 다른 방식으로 개념화를 시도하고 있다. 국정운영의 원동력으로써 정부신뢰에 대한 관심이 증가함에 따라 정치학 · 행정학 등 여러 분야에서 관련 연구가 수행되었고, 다양한 시각에서 정부신뢰가 논의되고 있는 것이다. 〈표 2-2〉에서 정부신뢰에 대한 다양한 개념적 정의를 확인할 수 있으며, 이렇듯 복합적 특성에도 불구하고 "정부에 대해 국민들이 가지는 긍정적 측면에서의 평가적(evaluative), 정서적(affective) 태도"로서 그 공통적인 이해를 찾을 수 있다(김영주 · 문명재, 2020). 이때 정부를 어떻게 정의하는지가

표 2-2 정부신뢰의 개념 정의

연구자	정의
Nye, Zelikow, & King (1997)	국민이 정부에 대해 갖는 기대 대비 실제 국민이 정부를 인식하는 비율
Muller & Jucam (1977)	정책 산출물 또는 정부활동 성과에 대한 평가
Hetherington (1998)	정부가 국민의 기대에 부응하여 운영되는지 여부를 평가하는 것
손호중 · 채원호 (2005)	불확실성 속에서 국민이 정부의 정책 및 행태에 대해 가지는 긍정적 기대 또는 심리적 지지
박순애 (2006)	정부기관과 그 구성원인 공무원의 기능에 대한 평가를 포괄하는 개념
이숙종(2006); 황창호 · 김태형 · 문명재 (2017)	국민의 뜻을 충실히 반영하여 정책을 결정하고 효과적인 행정수단을 활용하여 정책을 집행하며 역량을 바탕으로 성과를 창출해낸다는 믿음
김왕식 (2011)	정부의 역량에 대한 국민의 긍정적 기대와 그 결과에 대해 보이는 긍정적인 피드백
김영주 · 문명재 (2020)	정부기관 또는 공무원의 역량, 정책결정, 정책집행, 정책결과에 대해 국민이 가지는 긍정적 지지와 평가

출처: 김영주 · 문명재(2020: 192)의 내용을 정리하여 제시함.

중요한 문제가 된다. 어떤 기관이 정부를 의미하는지에 따라 정부신뢰의 범위 달라질 수 있기 때문이다. 정부기관의 범위는 행정부로 한정할 수도 있고, 입법부 및 사법부를 포함하거나, 공공기관까지 그 범위를 확장할 수도 있다(김민혜 · 이승종, 2017).

정부신뢰에 대한 다양한 정의와 범위에 따라 이를 측정하는 방법도 다양해질 수 있다. 예컨대, 나이 외(Nye et al., 1997)와 같이 국민의 기대 대비 정부에 대한 인식의 비율로 정부신뢰를 정의하는 경우, '정부(기관)를 신뢰하십니까?'의 단순한 질문으로 측정이

가능하다. 이외에도 정부의 역할, 활동, 역량에 대한 국민들의 만족 및 기대 수준 또는 평가를 통해 정부신뢰가 측정되어오고 있다(김영주 · 문명재, 2020; 이영진, 2020). 결국 정부신뢰는 정부에 대한 주관적인 평가 요소를 반영하고 있기 때문에, 국민들의 인식과 심리 파악이 중요하다.

정부에 대한 신뢰는 정치체제의 합법성과 지속가능성을 구축하는 토대 중의 하나로 중요하게 여겨지고 있다. 신뢰는 정부의 강제력 없이도 국정운영이 가능하도록 한다는 점에서 사회적 통합과 복지증진에도 필수적인 요소이다. 결과적으로 신뢰는 모든 사회 · 경제 · 정치적 관계에서 거래 비용을 낮추는 데 효율적인 수단으로 강조되고 있다(Fukuyama, 1995).

구체적으로 정부신뢰가 중요한 이유는 다음과 같다(OECD, 2013).

첫째, 정부신뢰는 법치 준수 또는 공공서비스 제공과 관련하여 정부의 공정하고 효과적인 기능을 위해 필요하다. 정부신뢰는 법의 지배와 사법부 독립을 위한 핵심 동인이며, 기업 투자 결정과 연관되어 경제성장을 촉진하는 데 필수적인 요소로 언급되고 있다.

둘째, 정부신뢰는 공공정책에서 무임승차 및 기회주의적 행동 위험을 줄일 수 있다. 시민들이 공공정책의 장기적인 결과에 대해 긍정적인 기대를 갖고 있다면 즉각적인 혜택을 희생할 수 있기 때문이다.

셋째, 정부신뢰는 정부가 장기적 시각에서 구조 개혁을 시행하는 데 도움이 될 수 있다. 개혁이 효과적이고 지속가능하기 위해서는 광범위한 사회 · 정치적 합의가 필요하다. 높은 신뢰 환경에서 이루어진 개혁은 적절하게 제정 및 이행될 수 있으며, 그 효과가 나타날 만큼 장기간 지속될 수 있다. 반대로 정부신뢰가 낮은 환경이라면, 시민들은 무임승차와 포퓰리즘적 태도를 통해 단기적이고 기회주의적인 이익을 추구하도록 정치인들을 유도할 것이다.

넷째, 정부신뢰는 규제나 규칙에 순응도를 높이고 집행 비용을 줄일 수 있다. 이는 규칙 준수 비용과 개인의 혜택 사이의 격차가 커서 통제가 어려운 규제 영역에서 특히 중요하다. 과세와 교통규제를 예로 들 수 있다. 규제 기관에 대한 높은 신뢰는 자발적 준수로 이어질 수 있다.

다섯째, 정부신뢰는 투자 및 소비와 같은 경제적 결정을 용이하게 함으로써, 경제에 대한 신뢰를 높이는 데 도움이 될 수 있다. 기관에 대한 신뢰와 타인에 대한 신뢰는 내구재 소비, 직업 이동, 근로자 고용 및 투자에 이르는 의사결정과 관련된 위험에 대한 인식을 줄이고, 이렇듯 신뢰의 증가는 생산성을 높이고 경제발전을 촉진한다.

여섯째, 정부신뢰는 자연재해, 경제위기 또는 정치적 불안과 같은 위기 상황에서 더욱 중요하다. 특히, 재난 상황에서 신뢰의 부족은 위기대응 절차를 방해하여 사회·경제적 손실을 초래하고 정부의 대응 능력을 위축시킨다. 이 밖에도 정부신뢰는 시민들의 정치참여율을 높이고, 시민참여를 촉발할 수 있는 동기를 부여한다(김민혜·이승종, 2017).

2) 정부신뢰의 수준

10년 전만 하더라도 우리나라는 '신뢰적자 국가'로 불릴 만큼 정부신뢰 수준이 낮았다. 그러나 2022년 발표된 정부신뢰도는 48.8%로 나타나, 조사대상 OECD 20개국 중 7위를 기록할 만큼 눈에 띄는 개선이 있었다. 이는 일본(24%, 19위), 프랑스(28.1%, 16위), 캐나다(44.7%, 10위) 등 OECD 주요국의 수치보다도 높은 것이었다.

[그림 2-1]은 OECD 국가들의 정부신뢰 수준을 비교하여 제시한 것이다. 전체 OECD 국가 평균을 보면, 중앙정부에 대해 신뢰한다고 응답한 사람들은 41.4%로 나타났다. 이들은 정부에 대한 신뢰 정도를 0~11점 사이에 응답하도록 질문하였을 때 6점 이상(높은 신뢰 및 다소 높은 신뢰)에 응답한 사람들을 의미한다. [그림 2-1]에서 보듯이, 정부에 대한 신뢰 수준은 국가마다 상당한 차이가 있다. 핀란드와 노르웨이에서는 60% 이상에 이르지만, 30% 미만으로 낮은 수준을 보이는 국가들도 다수 확인된다(오스트리아, 콜롬비아, 일본, 프랑스, 라트비아 등). 또한 공공기관의 유형에 따라 신뢰 수준에도 차이가 있다. 지방정부를 신뢰한다고 응답한 사람이 OECD 평균 46.9%로 나타나, 전반적으로 지방정부에 대한 신뢰가 중앙정부보다 더 높다고 말할 수 있다. 대민서비스(civil service)에 대한 신뢰 수준은 50.2%로 나타났는데, 이는 공무원들이 중앙·지방정부보다 더욱 잘 대처하고 있음을 시사한다(OECD, 2023). 법원과 법률 시스템에 대한 신뢰 수준이 가장 높았고(56.9%), 입법부에 대한 신뢰 수준은 가장 낮았다. 응답자 10명 중 4명 정도만 입법부를 신뢰한다고 응답했다. 우리나라의 경우도 입법부에 대한 신뢰

그림 2-1 OECD 주요국의 기관 유형별 신뢰도 비교

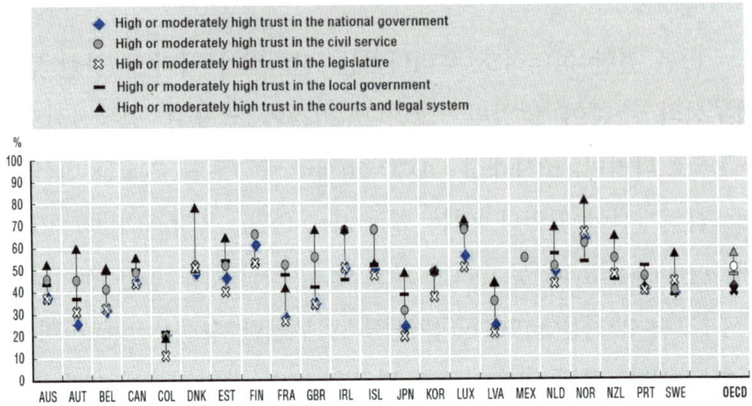

출처: OECD(2023: 55).

도가 가장 낮은 가운데, 중앙정부, 지방정부, 대민서비스, 사법부에 대한 신뢰 수준은 거의 유사하다.

정부신뢰는 시민들이 어떻게 정부의 질적 수준을 인식하는지, 정부기관과 어떻게 관계하고 있는지를 보여주기 때문에, 거버넌스의 결과를 나타내는 중요한 지표가 될 수 있다. 이러한 점에서 OECD는 오늘날과 같이 다차원적인 위기 상황에서 신뢰 강화를 위한 정부의 투자가 중요함을 강조하고 있다(OECD, 2023).

3) 정부신뢰에 영향을 미치는 요인: 정부성과를 중심으로

(1) 정부신뢰 영향 요인

정부신뢰는 다차원적이며, 시민과 정부 사이의 경제적, 사회적, 정치적 상호작용의 혼합에 기반하고 있다. 다수의 경험적 연구들은 정부신뢰와 경제, 사회, 그리고 거버넌스 사이의 관계를 논해왔으며, 이를 토대로 정부신뢰를 이끄는 요인을 네 가지로 범주화시킬 수 있다. 이는 ① 문화(culture), ② 제도적 여건(institutional setting), ③ 경제·사회적 결과(economic and social outcomes), ④ 정부의 성과(performance of institutions)를 의미한다(OECD, 2013). 국내 연구에서는 대인신뢰, 단체가입 및 활동, 정치참여, 거주지역, 사회경제적 배경이 정부신뢰에 영향을 미치는 요인으로 제시되었다(박희봉·이희창·조연상, 2003). 즉, 대인신뢰가 높을수록, 연령이 높을수록, 그리고 단체 가입 및 활동을 하는 경우, 투표에 참여하는 경우, 정당활동을 하지 않을 경우, 비대도시 지역에서, 여성에게서 정부신뢰가 더 높은 것으로 나타나고 있다.

부커트(Bouckaert, 2012)는 정부신뢰를 세 가지 수준으로 구분하여 제시한다. 먼저, 거시적 수준(macro-level)에서 신뢰는 정치제도 및 민주주의 기능과 관련된다. 다음으로, 중간 수준(meso-level)에서 신뢰는 정책결정과 관련된다. 이는 사회·경제적 문제를 관리하고 미래 복지 수준에 대해 긍정적인 기대감을 심어줄 수 있는 정부의 능력을 의미한다. 마지막으로, 미시적 수준(micro-level)에서 신뢰는 정부가 공공서비스를 제공함으로써 사람들의 일상생활에 영향을 미치는 것을 의미한다. 이들 세 수준들은 상호작용하며, 한 수준에서 신뢰가 떨어지면 다른 수준의 신뢰에 영향을 미치고, 정책결과에도 영향을 미칠 수 있다. 따라서 정부신뢰를 강화하기 위해서는 이들 세 영역 간의 시너지 효과를 강화할 필요가 있다. 이러한 접근은 정부신뢰가 단순히 정부에게 일어난 일을 의미하는 것이 아니라 정부의 조치와 정책이 신뢰에 영향을 미칠 수 있는 것을 시사한다는 점에서 유용하다. 또한 신뢰에 영향을 미치는 것과 관련하여, 중요한 것은 공공정책의 내용뿐만 아니라 어떻게, 누구를 위해, 누구와 함께하는가를 고려하도록 한다. 즉, 결과적 측면만 강조하는 것이 아니라 목표로 나아가기 위한 절차 또한 중요해지는 것이다.

(2) 정부성과와 정부신뢰

이상의 논의는 정부의 정책과 활동 결과에 따라 신뢰도가 달라질 수 있음을 시사한다. 결국 정부신뢰는 다양한 요인에 의해 영향을 받는 복잡한 개념이지만 정부의 활동 결과물로서 정부성과에 주목하도록 이끈다. 정부에 대한 불신은 종종 낮은 정부성과로부터 기인하는데, 반정부적 성향 또는 관료에 대한 부정적 이미지는 정부가 제대로 역할을 수행하지 않고 있다는 일반적인 정서를 반영한다. 이러한 신뢰 저하를 역전시키기 위해 신공공관리, 신공공서비스 등을 통해 다양한 개혁안이 제시되었다. 이들 프레임워크는 개혁의 근거, 정책도구 및 정치적 의미에서 서로 대조적이지만, 더 나은 성과가 더 높은 신뢰로 이어진다는 가정을 공유하고 있다. 다시 말해, 무엇이 '더 나은 성과'인지, 그리고 여기에 도달하는 수단과 방법에 대한 시각 차이는 있겠으나, 두 접근 모두 성과-신뢰

연결(performance-trust link)을 다룬다는 점에서 유사하다고 할 수 있다(Yang & Holzer, 2006).

정부의 성과가 어떻게 신뢰 향상으로 이어지는지에 관해서는 여러 시각이 존재한다. 이에 대해 부커트 외(Bouckaertet al., 2002)는 정부성과와 신뢰 간의 관계를 다룬 연구들을 거시성과 이론(macroperformance theory)과 미시성과 이론(microperformance theory)으로 구분하고 있다. 거시성과 이론은 실업률, 경제성장률, 물가상승률, 정부의 안정성과 같은 거시적 요인의 변화 결과로 정부신뢰의 변화를 설명한다. 반면, 미시성과 이론은 정부가 제공하는 서비스의 품질과 이에 대한 인식 변화가 신뢰 변화와 연관된다고 설명한다. 즉, 미시성과 관점에서 중요한 것은 정부의 실제 성과라기보다 인식된 성과이기 때문에, 정부에 대한 시민들의 기대와 인식을 중요하게 고려한다. 따라서 미시성과 관점에서는 공공서비스를 직접 이용한 시민들의 만족도와 신뢰 사이의 관계를 다루기도 한다.

정부신뢰에 영향을 미치는 요인으로서 정부성과를 바라보는 시각 또한 다양하다. 예컨대, 정부성과에 대한 시각은 전통적, 결과 중심적, 시민 중심적 시각으로 구분될 수 있다(고명철, 2013). 전통적 시각에서는 정부의 관리역량을 강조하기 때문에, 정부성과에 대하여 효과성 측정에 초점을 두게 된다. 결과 중심적 시각은 신공공관리론에 입각하여 투입 대비 산출/결과물로 정부성과를 판단한다. 시민 중심적 시각에서는 정부의 활동이 시민들에게 어떤 영향을 미쳤는지에 관심을 둔다. 이는 앞서 설명한 미시성과 이론과 유사한 맥락으로, 시민이 정부의 정책활동과 그 결과물에 대해 갖는 주관적·심리적 인식을 중요하게 고려한다. 이에 따라 객관성이 보장되기 어렵다는 비판이 제기되기도 하지만, 정책의 성패에 관한 평가도 궁극적으로는 시민을 만족시키기 위한 활동이라는 점에서 시민 중심적 접근의 의의를 찾을 수 있다(김민혜·이승종, 2017).

[그림 2-2]는 OECD(2022)의 분석 결과로서 정부신뢰에 영향을 미치는 요인을 그 영향력의 크기에 따라 왼쪽부터 순서대로 나열한 것이다. [그림 2-2]에 제시된 바와 같이, 2021년 조사 당시 중앙정부 신뢰에 가장 큰 영향을 미쳤던 요인은 팬데믹에 대한 대비 수준이었다. 행정서비스 영역에 대한 만족도가 63.0%로 가장 높았던 것에 비해, 팬데믹에 대한 준비도에 만족하는 사람이 49.4%로 비교적 낮았는데, 이러한 결과는 사람들이 인지하는 영역별 만족도의 크기가 정부신뢰에 미치는 영향력의 크기와 다를 수 있음

그림 2-2 중앙정부 신뢰에 영향을 미치는 요인

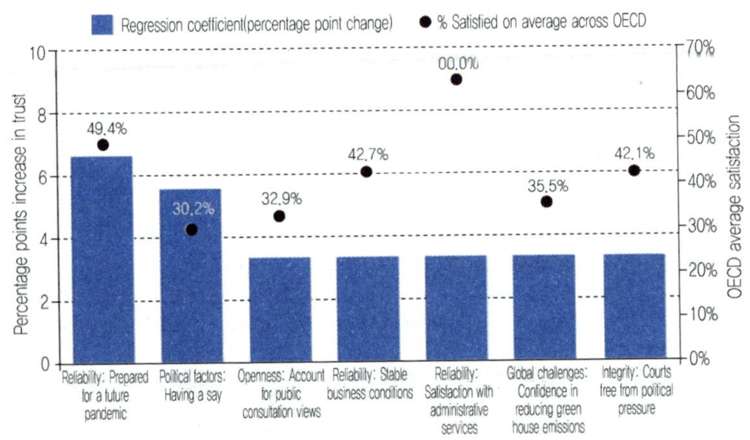

출처: OECD(2022: 42).

그림 2-3 지방정부 신뢰에 영향을 미치는 요인

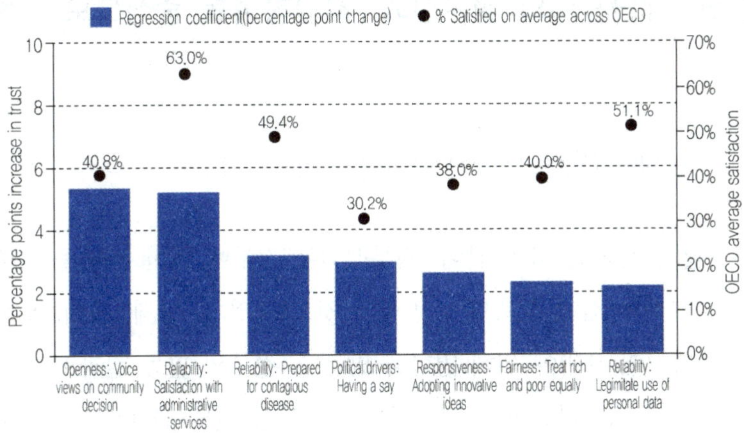

출처: OECD(2022: 44).

을 의미한다. [그림 2-2]에서 보듯이, 정치적 발언권 대한 만족도는 30.2%에 불과하였으나, 해당 요인은 정부신뢰에 미치는 영향이 두 번째로 크게 나타난 것도 같은 맥락에서 이해할 수 있다.

지방정부 신뢰에 영향을 미치는 요인에 대한 분석결과는 중앙정부와 다소 다른 양상을 보여준다. [그림 2-3]에서 볼 수 있듯이, 지방정부 신뢰와 유의미한 관계가 있는 요인은 개방성과 행정서비스에 기대에 대한 만족(reliability)으로 나타났다.

3 재난관리와 정부신뢰: 시민참여를 중심으로

1) 재난관리에 대한 성과인식과 정부신뢰

앞서 논의한 바와 같이, 정부신뢰는 정부에 대한 시민들의 주관적 인식과 심리적 측면이 반영된 것으로 정치, 경제, 사회, 문화 등 복합적인 요인에 의해 영향을 받는다. 정부의 활동 결과로서 성과를 바라보는 다양한 시각 또한 신뢰에 영향을 미친다. 여기에서는 정부의 여러 역할 및 기능 중에서 재난관리에 초점을 두고 신뢰와의 관계를 논하고자 한다.

재난관리에서 신뢰가 중요함을 일깨워주었던 사건은 2014년에 있었던 세월호 참사였다. 인재로 인한 참사가 정부에 대한 불신을 야기하며, 사회 혼란과 국정운영의 어려움을 동반하면서 재난과 정부신뢰의 연관성에 대한 관심을 증가시켰다. 실제로 세월호 사건 직후에 침몰재난이나 대형 화재, 대형 교통사고에 대한 불안감이 정부에 대한 신뢰를 저하시킨다는 연구 결과가 발표되기도 하였다. 동시에 재난안전도나 정부의 재난관리에 대한 평가가 높을수록 정부신뢰가 높아진다는 결과도 함께 제시되었다(이동규 · 민연경, 2015; 이영진, 2020). 이를 종합하면, 재난관리 영역에서 정부신뢰와 연관되는 요인은 재난에 대한 위험인식, 즉 불안감과 정부 재난관리의 성과 두 가지로 요약될 수 있으나, 여기에서는 후자에 초점을 두고자 한다.

이 장의 앞부분에서 논의한 바와 같이, 정부성과는 미시 수준에서 거시 수준에 이르기까지 혹은 전통적 행정학 시각, 결과 중심적 시각, 시민 중심적 시각마다 각각 강조하는 바가 다르다. 특히, 재난안전 분야의 경우 정부성과의 범위가 모호할 뿐만 아니라 객

표 2-3 재난관리 성과에 대한 인식조사 문항

구분		설문 문항
인지된 예방・대비 성과 (사전적 성과인식)	1	귀하는 정부가 재난관리 예산 확보 및 편성을 위해 얼마나 노력하고 있다고 생각하십니까?
	2	귀하는 정부가 재난관리 전문인력 채용 및 양성을 위해 얼마나 노력하고 있다고 생각하십니까?
	3	귀하는 정부가 재난관리 조직 및 기구 정비를 위해 얼마나 노력하고 있다고 생각하십니까?
	4	귀하는 정부가 재난관리 법제도 마련 위해 얼마나 노력하고 있다고 생각하십니까?
	5	귀하는 정부가 체계적인 재난관리 교육훈련을 위해 얼마나 노력하고 있다고 생각하십니까?
	6	귀하는 정부가 재난 분야 민관협력 및 시민참여 활성화를 위해 얼마나 노력하고 있다고 생각하십니까?
인지된 대응・복구 성과 (사후적 성과인식)	1	태풍, 홍수, 호우, 폭설 발생 직후 정부의 신속한 대응이 이루어졌다고 생각하십니까?
	2	지진 발생 직후 정부의 신속한 대응이 이루어졌다고 생각하십니까?
	3	화재 발생 직후 정부의 신속한 대응이 이루어졌다고 생각하십니까?
	4	건축물 붕괴 직후 정부의 신속한 대응이 이루어졌다고 생각하십니까?
	5	철도 및 선박사고 직후 정부의 신속한 대응이 이루어졌다고 생각하십니까?
	6	감염병 발생 직후 정부의 신속한 대응이 이루어졌다고 생각하십니까?

출처: 김영주・문명재(2020: 198)의 내용을 정리하여 제시함.

관적으로 측정하는 것이 어렵다는 지적이 있다. 이러한 이유로 행정관리 역량이나 산출지표가 아닌 시민들의 인식을 통해 정부성과가 측정되는 것이 바람직할 수 있다. 김영주 · 문명재(2020)의 연구는 재난안전 분야의 특성을 고려하여 정부성과를 '재난의 예방, 대비, 대응, 복구 활동 과정에서 정부가 시민들의 요구에 대해 가지는 반응성'으로 보고, 시민들의 인식을 성과측정에 반영할 수 있는 방법을 제안하였다. 시민들의 판단과 인식에 기초한 재난관리의 성과는 사전적 · 사후적 관점에서 모두 조사될 수 있다(〈표 2-3〉 참고). 결과적으로, 재난관리에 대한 사전적 · 사후적 성과인식은 모두 정부신뢰와 정(+)의 상관관계가 있다는 사실이 입증되었다.

2) 재난관리에서 정부신뢰와 시민참여

재난관리에 있어 정부신뢰가 시민참여에 미치는 영향은 이 분야를 실증적으로 밝혀낸 연구 결과를 찾기가 쉽지 않기 때문에 유사한 연구에서 이를 유추해 볼 수밖에 없다. 정부신뢰와 일반적인 의미에서의 정부 의사결정에 시민참여의 관계를 연구한 결과에 따르면, 이 둘 간의 관계는 세 가지의 상반된 결과를 보이고 있다. 즉, 선거적(또는 비선거) 참여, 제도적(또는 비제도적) 참여, 통상적(또는 비통상적)인 정치참여 등에서 정부에 대한 신뢰는 시민참여에 긍정적인 영향을 미칠 수도 있으며(김태훈 · 전인석, 2015), 이와 반대로 부정적인 영향을 미칠 수 있는 것으로 나타나기도 했다(고명철 · 이아람, 2019). 한편 정부신뢰가 시민참여에 미치는 영향은 상호 간에 상관성이 없을 수 있다는 연구 결과(김대욱 · 이승종, 2008)도 있어, 이 두 개념 간의 인과관계 및 정·반에 대한 방향성을 명확하게 결론 내리기가 쉽지 않은 것으로 보인다.

구체적으로 몇 가지의 시민참여 분야를 중심으로 살펴보면, 먼저 정부에 대한 신뢰가 높을수록 시민들의 지역의 공공 문제 해결을 위해 공무원들과 협력한 경험, 정부 주재의 공청회 참여, 문제 해결을 위한 집단행동, 정부행사에 대한 참여의사 등이 높게 나타났다(김태훈·전인석, 2015). 이를 해석하면, 시민들의 정부에 대한 신뢰도가 높을 경우에 정부의 정책과정에 시민들이 보다 적극적으로 참여할 가능성이 있다고 할 것이다. 반면에, 지방정부에 대한 신뢰가 높을수록 인터넷 게시판과 민원창구, 시민제안 등에 있어서 주도적인 시민의 참여는 감소하는 것으로 연구 결과가 나타나기도 했다(고명철·이아람, 2019). 이는 시민이 신뢰할 수 있는 정부에 대해서는 특별히 불만을 갖지 않기 때문에, 적극적으로 참여하여 문제점을 개선하고자 하는 유인이 떨어질 수 있음을 의미한다. 마지막으로, 정부에 대한 신뢰는 대통령과 국회의원 투표 참여와 같은 제도적 참여에는 영향을 미치지 않지만, 집회 및 시위와 같은 비제도적 참여에는 긍정적인 영향을 미치는 것으로 나타난 연구 결과가 있다. 이는 투표라는 제도적 행위보다 집회 및 시위라는 비제도적 행위에 참여하였을 때 얻게 될 직접적인 효용이 더 크기 때문에, 시민의 참여에 긍정적인 영향을 줄 수 있다고 해석된다(김대욱·이승종, 2008).

따라서 정부신뢰와 시민참여에 대한 이상의 논의를 통해 추론해보면, 만약 감염병 확산이라는 불확실한 상황에 놓인 시민들이 정부의 대응 능력을 신뢰하지 않는다면 시민들은 스스로 방역수칙을 적극적으로 준수하여 스스로를 보호하고자 할 것이다. 반면에, 정부의 감염병 대응 노력에 대해 시민이 높은 신뢰도를 갖고 있다면 정부의 홍보 및 가이드라인을 적극적으로 받아들여 높은 참여로 나타날 수도 있을 것이다(김영주 · 문명재, 2020).

3) 재난관리의 성과 향상을 통한 시민참여

재난관리 주체의 다원화 노력에서 강조하는 바와 같이 모든 사회 구성원들이 함께 노력할 때 재난위험으로부터 안전한 사회 구현이 가능해진다. 그렇기에 중앙정부와 지방정부는 재난에 대한 평상시의 준비와 대응 능력을 향상시키기 위해 지역사회와 시민참여를 확보하는 것이 필수적이다. 이렇듯 재난관리의 협력적 거버넌스 구축을 가능하게 하는 요인으로, 이 장에서 주목한 것은 정부성과와 정부신뢰이다.

일반적으로 정부성과가 정부신뢰를 강화하며, 정부에 대한 신뢰가 높을수록 시민의 참여도 또한 향상될 수 있음을 확인하였다. 혹은 정부성과는 정부신뢰와 독립적으로 시민참여를 높이는 요인으로 작용할 수도 있다. 따라서 정부가 재난관리의 성과를 높이기 위해 노력한다면 시민들의 참여를 이끌어낼 수 있다는 설명이 가능해진다. 이들 사이의 관계에서 정부신뢰의 역할은 다음 [그림 2-4]와 같이 도식화될 수 있다.

그림 2-4 정부성과 – 정부신뢰 – 시민참여 간 관계구조

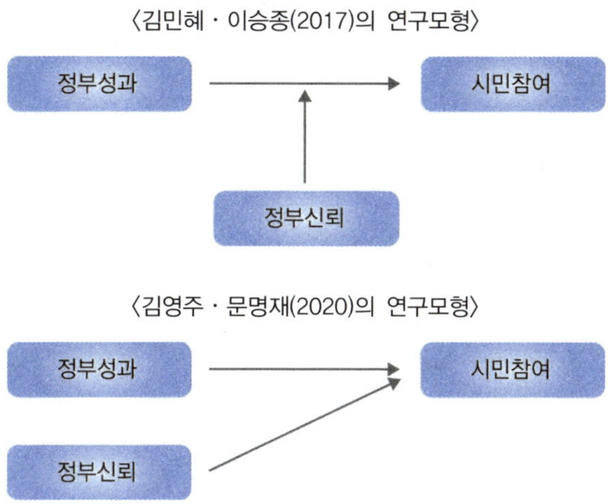

재난을 예방하고, 재난이 발생한 이후에는 이에 효과적으로 대응하기 위해 정부는 다양한 정책수단을 활용한다. 시민들은 개인과 가족의 안전을 위해 응급 물품을 사전에 구비하거나 위험한 행위를 자제하는 노력을 한다. 정부의 재난관리 노력 및 활동의 성과, 그리고 이에 대한 시민들의 긍정적 평가는 정부신뢰 향상과 협력적 거버넌스 활성화로 이어져 성공적인 재난관리의 토대를 마련할 수 있을 것이다. 결국 재난관리에서 시민참여의 핵심은 정부의 재난안전관리에 대한 적극적인 노력과 함께 정부신뢰를 증가시키는 것이다.

참고문헌

고명철(2013). 공공서비스 만족도, 정부성과, 그리고 삶의 질 간 영향관계 분석; 상향확산식 접근을 토대로. 『한국행정학보』, 47(2): 1-30.

고명철 · 이아람(2019). 지방정부 신뢰가 시민참여에 미치는 영향: 공동체의식의 조절효과를 중심으로. 『한국지방자치학회보』, 31(3): 149-174.

공배완(2014). 국가의 재난대처 및 관리능력의 한계와 문제점. 『융합보안 논문지』, 14(3): 99-109.

권욱(2006). 효율적인 재난관리를 위한 재난관리의 특성과 환경요인 분석. 『한국화재소방학회논문지』, 20(3): 118-126.

김대욱 · 이승종(2008). 정부신뢰의 참여에 대한 효과. 『한국사회와 행정연구』, 18(4): 43-62.

김민혜 · 이승종(2017). 정부성과가 시민참여에 미치는 영향에 대한 연구: 정부신뢰의 조절효과를 중심으로. 『한국사회와 행정연구』, 28(2): 29-54.

김영주 · 문명재(2020). 재난관리 정부성과 인식과 정부신뢰가 일반시민의 사회재난 예방참여에 미치는 영향. 『지방정부연구』, 24(1): 187-213.

김태훈 · 전인석(2015). 정부신뢰가 시민참여에 미치는 영향에 관한 연구: 서울특별시를 중심으로. 『정부와 정책』, 7(2): 69-89.

노진철(2016). 지방정부의 안전관리에 대한 신뢰와 불신. 『열린충남』, 제77호: 10-15. 충남연구원.

박희봉 · 이희창 · 조연상(2003). 우리나라 정부신뢰 특성 및 영향 요인 분석. 『한국행정학보』, 37(3): 45-67.

소방방재청(2007). 『소방방재정책백서: 소방방재청의 성공적인 출범과

성과』. 서울: 소방방재청 재정기획팀.

이동규 · 민연경(2015). 세월호 참사 이후, 재난 안전인식이 정부신뢰에 영향을 미치는가?: 한국리서치의 재난안전 국민인식 옴니버스 조사결과를 중심으로. 『Crisisonomy』, 11(3): 19-38.

이영진(2020). 재난에 대한 인식이 정부신뢰에 미치는 영향. 『한국방재안전학회 논문집』, 13(4): 47-63.

최준호 · 이동관 · 최충익(2020). 지역사회 기반 재난관리시스템을 위한 전통향약의 활용과 시사점. 『한국지적정보학회지』, 22(3): 147-155.

Bouckaert, G.(2012). Trust and public administration. *Administration*, 60(1): 91-115.

Bouckaert, G., Van de Walle, S., Maddens, B., & Kampen, J. K. (2002). Identity vs Performance: An overview of theories explaining trust in government. Second Report. Leuven: Public Management Institute.

Easton, D.(1965). *A systems analysis of political life.*

Fukuyama, F.(1996). *Trust: The social virtues and the creation of prosperity.* Simon and Schuster.

Nye Jr, J. S., Zelikow, P. D., & King, D. C.(eds.)(1997). Why people don't trust government. Harvard University Press.

OECD(2013). Trust in government, policy effectiveness and the governance agenda. In *Government at a Glance 2013*. OECD Publishing, Paris.

OECD(2022). Building Trust to Reinforce Democracy: Main Findings from the 2021 OECD Survey on Drivers of Trust in Public Institutions.

OECD(2023). *Government at a Glance 2023*. OECD Publishing, Paris, https://doi.org/10.1787/3d5c5d31-en

Yang, K., & Holzer, M.(2006). The performance-trust link: Implications for performance measurement. *Public Administration Review*, 66(1): 114-126.

[법령]

「재난 및 안전관리 기본법」.

「국가를 당사자로 하는 계약에 관한 법」.

[홈페이지]

국민재난안전포털(2023). 한국재난안전네트워크란? http://www.safekorea.go.kr/idsiSFK/neo/sfk/cs/contents/prevent/SDIJKM5228.html?menuSeq=431, 2023년 7월 7일 최종 검색.

제 3 장

재난관리와 도시계획

1 재난관리와 도시계획의 연계성

최근 우리가 경험했던 도시활동 거점을 따라 감염병이 전이되는 과정은 재난관리에 있어 도시계획의 역할을 상기시켜주었다. 도시로 많은 사람들이 급속도로 몰려들었던 산업혁명 시기에도 비슷한 일이 있었다. 산업혁명 시기 현장 노동자들은 소음, 악취 등 열악한 주거 환경에 거주했으며, 하수도 등의 기반시설조차 갖추어지지 못했다. 당시 상황은 조지 오웰(George Orwell)의 『위건 부두로 가는 길』에도 상세히 기술되어 있다(조지 오웰, 2010). 시민들이 마실 물과 오물이 완벽히 분리되지 않던 주거 환경 속에서 콜레라는 확산일로였다. 스노우(John Snow) 박사가 연구한 콜레라 지도는 콜레라의 감염원을 과학적으로 파악하는 계기를 마련했다. 나아가 재난관리에 있어서 공간적인 분석을 통한 과학적인 정책개발의 필요성을 인식하게 했다.

도시계획은 지역사회의 공동 문제를 해결하기 위한 전략과 실행수단으로 구성된다. 전문가들은 토지이용계획의 토대를 ① 토지이용설계(The land use design), ② 토지 분류 계획(The land classification plan), ③ 구두정책(The verbal policy), ④ 개발관리계획(The development management plan)으로 분류하고 있다(Kaiser & Godschalk, 1995). 도시계획은 토지가 갖는 특성을 공간정보로 변환하여 수용용량을 평가하고, 지역의 도시 문제를 해결하기 위한 장기적 전략 수립에 상응하여, 시·공간적 성장관리정책 수립 및 토지용도 설정을 수립하는 단계로 이어진다.

재난관리에 관해 접근하는 방식에서도 도시계획적인 방식을 취할 수 있다. 재난관리에 관한 지역의 위험성 등 여건을 파악하는 과정에서 도시 현황을 파악하는 방식을 활용하여, 위험 평가에서 지역·재난 유형별 재난의 발생 빈도와 강도, 취약계층의 분포를 조사하고, 재난관리의 목표와 장기적인 전략과 개발사업에서의 비구조적·구조적 대책을 다양하게 검토할 수 있다.

2 재난관리를 위한 도시계획적 요소

재난 현장에서는 유비무환을 강조한다. 자연재해가 반복적으로 발생하는 지역이나, 겨울철 화재가 발생하는 지역에서 피해를 줄이기 위해서는 전(全) 주기에 걸친 도시계획과의 연계성 강화가 요구된다. 재난관리는 예방-대비-대응-복구로 구분될 수 있다. 미국 재난관리청[Federal Emergency Management Agency(FEMA), 2022]의 경우 〈표 3-1〉과 같이, 재난관리 계획 과정에서 고려해야 하는 요소를 ① 계획 과정, ② 위험 평가, ③ 저감대책, ④ 계획 관리, ⑤ 계획 개정, ⑥ 계획 채택, ⑦ 잠재적인 고위험 댐(High Hazard Potential Dams),[1] ⑧ 주정부 요건으로 나누고 있다. ①~⑥은 재해

1) 해당 섹션은 High Hazard Potential Dams(HHPD) Rehabilitation Grant Program에 참여하기 위해서는 필수적으로 작성해야 하는 섹션이다(FEMA,

저감계획 수립을 위한 기본요소이고, ⑦~⑧은 해당 사업 혹은 지역 여건을 고려하여 검토하는 사항이다.

표 3-1 미국 FEMA(2022) Local Mitigation Plan Review Tool의 주요 항목

구분	주요 항목
계획 과정	계획서 작성 방법, 참여자에 관한 계획 과정
	참여 기회(저감대책 관계 지방자치단체, 기관 및 개발 규제 기관, 기업, 학계 및 민간 및 비영리 단체)
	계획 및 승인 단계에서의 대중의 참여
	기존 계획, 연구, 보고서, 기술정보의 검토 및 통합
위험 평가	• 영향을 미치는 자연재해 유형 및 위치, 범위 • 이전 발생 내용 및 미래 확률에 관한 정보
	• 취약성 평가 • 반복적 피해 구조물
저감대책	참여자들의 권한, 정책, 프로그램, 자원 등의 역량
	NFIP(National Flood Insurance Program) 참여
	취약성 감소 혹은 회피를 위한 목표(장기적 관점)
	저감대책의 포괄적인 범위의 식별 및 분석
	저감대책 실행계획의 우선순위
계획 관리	공공참여 유지 방법
	계획의 최신화 방안(5년 내 개정계획 등)
	타 계획과의 통합
계획 개정	개발 변화 반영
	저감대책에서의 우선순위 및 진행사항의 반영
계획 채택	연방재난관리청(FEMA) 지원에 관한 적합성

주: FEMA(2022)의 검토 항목을 바탕으로 주요 요소를 중심으로 정리한 내용임.

2022).

사전에 위험을 제거하는 단계에 해당하는 재난예방 단계에서는 크게 계획 수립 준비 과정, 위험도 평가, 저감대책 수립에서 도시계획과 연계될 수 있다.2)

첫째, 계획 수립 준비 과정은 지역에서 활용 가능한 지역사회의 특성에 따라 제도, 재원을 다양하게 탐색하는 것이다. 이를 위해서는 도시 전체 혹은 해당 지역의 지역적 맥락(공간·시간적)을 파악하게 된다. 가령 내수재해와 같은 유형에 대해서는 「자연재해대책법」을 통해 시·군이 자연재해저감 종합계획을 수립하고 있으며, 관련 지침을 확인하고 계획 수립을 준비해야 한다. 이 과정에서 자원은 단순히 국비와 같은 정부예산뿐만 아니라, 기관이 갖고 있는 시설과 장비, 연계기관 등 비구조적 수단으로 활용될 수 있는 전방위적인 여건을 고려해야 한다. 특히, 재난 발생 이후에 복구하는 단계는 이전의 상태로의 복구가 아니라, 개선된 상태의 복구로 진행하는 것이 필요하며, 이를 위한 제도적 개선사항과 사례를 바탕으로 정책개발이 병행되어야 한다.3)

둘째, 위험도 평가는 해당 지방자치단체가 식별한 재난 유형별 강도와 빈도, 그리고 피해가 예상되는 인명 및 재산을 분석한다. 유형별 위험평가 평가자료는 집계된 자료와 위험지역을 위한

2) 자연재해저감 종합계획 수립기준에 따른 업무흐름도는 상세하게 구분되어 있으며, UNISDR(2017a)의 단계(1단계: Preparing and scoping, 2단계: Conducting risk analysis, 3단계: Using the results for disaster risk management and development decisions)를 참고하여 3단계로 구분했다.

3) 우리나라에서도 '특별재난지역'(재난 및 안전관리 기본법)으로 선포된 지역 중 일부지역에 대해서는 '특별재생지역'(도시재생 활성화 및 지원에 관한 특별법)으로 지정하여, 도시재생활성화계획을 수립할 수 있도록 하고 있다. 지진이 발생한 포항시 일대는 최초로 지정된 사례이다.

시뮬레이션 자료 등을 함께 활용해야 한다. 집계된 자료는 과거부터 현재까지 해당 지역의 피해액의 규모, 경향을 파악하고 보다 집중해서 관리해야 하는 재난을 포함한다. 시뮬레이션 자료는 해당 재난이 어떤 지역에서 어떤 강도로 발생하는지 상세하게 검토할 수 있다. 특히, 기후변화와 같은 재난 상황에 대한 시나리오를 고려하는 경우 상세한 지도를 활용하여 상황을 파악한다. 미국은 FEMA에서 만든 홍수보험요율지도(Flood Insurance Rate Maps)를 활용하여 대형 홍수피해를 예방하기 위한 분석을 실시하고 있다(Rouse & Piro, 2022).

셋째, 저감대책으로, 토지이용 차원의 선제적인 저감대책을 수립하기 위해서는 위험 요인 검토 이후 시가화 여부를 고려해야 한다([그림 3-1] 참고). 사람이 살지 않는 지역에 대해 사전에 개발을 억제하는 방침을 마련하는 경우, 추가적인 비용 없이 재해피해를 줄일 수 있다. 자연재해 위험지구 선정 이후 위험 요인을 검토하는 과정을 거칠 수도 있다. 자연재해 이외에도 「재난 및 안전관리 기본법」에 속하는 재난 유형에서도 이를 고려하여 대책을 마련할 수 있다.

개발사업 유형은 위험지역과 관련한 특정 지역으로 한정될 수 있으므로, 이와 관련한 시나리오에 따라 저감대책을 마련해야 한다. 〈표 3-2〉에서와 같이 개발사업 검토 단계에서 다음과 같은 체크리스트를 검토해야 한다(Daniel, 2017).

그림 3-1 자연재해와 도시계획 간의 연계

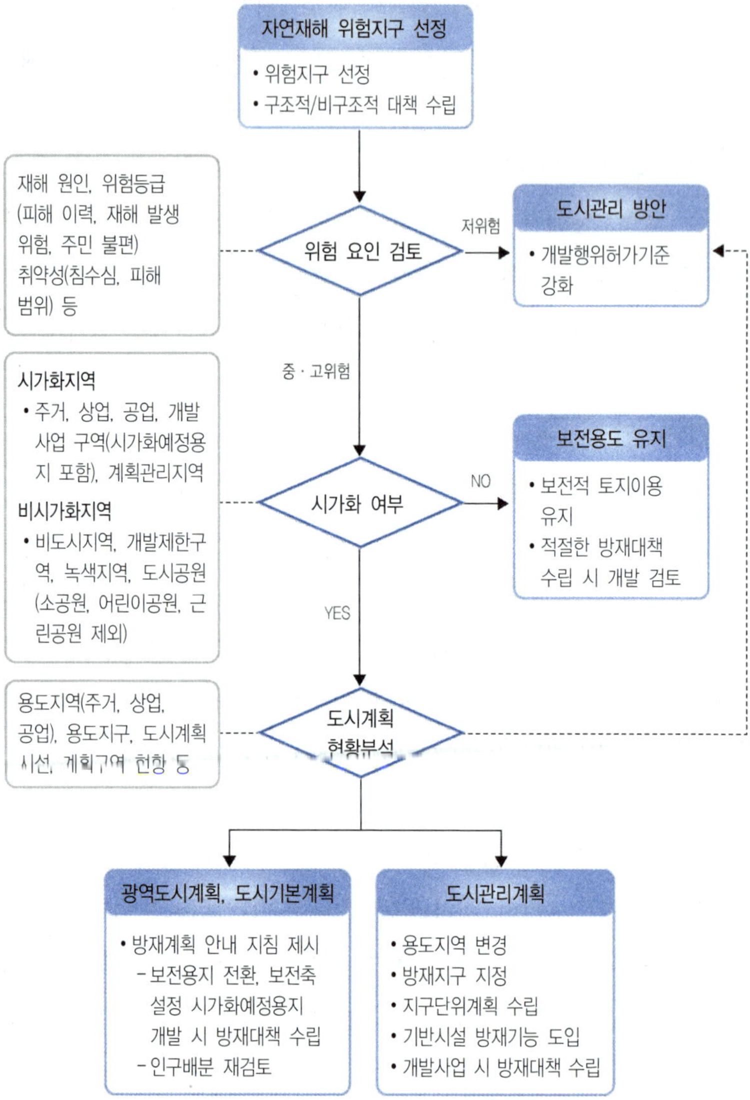

출처: 행정안전부(2022).

표 3-2 개발사업 검토 시 위험지역 관련 쟁점의 체크 리스트

1. 제안된 개발의 규모, 입지, 토지용도
2. 대상 재산(property) 혹은 인접 재산의 재해 발생지역 여부
3. 주변지역에서의 자연재난 역사
4. 환경영향평가 수행
5. 제안사업을 위해 공공시설 필요성
6. 제안사업의 도시계획조례 혹은 미래 토지이용지도와의 일치성
7. 해당 대상지 내 혹은 상류 혹은 하류에서의 자연재해 최소화 단계
8. 주정부 및 연방정부 허가의 획득

출처: Daniels(2017).

〈표 3-2〉에서 문항별로 초점 영역이 있다. 대상지 내 여건(1~2), 대상지와 주변지역에서의 관계(3~7), 계획 및 정책과의 정합성(8)도 함께 강화되어야 한다. 가령 호우로 인한 침수피해 우려지역은 다음과 같이 검토가 가능하다. 저류기능을 수행하는 토지에 개발사업이 진행되는 경우, 토지에 흡수되지 못하는 유출량을 증가시켜 대상지 하류지역의 홍수위험을 증가시킬 수 있다. 또한 유해화학물질 사고 등 사회재난도 지역사회에 미치는 피해를 최소화하기 위해서 위험지역이 위치하는 지방자치단체는 재난의 위험평가 및 시나리오 예측에 따른 저감대책을 적극적으로 검토해야 한다.[4)]

4) 「물환경보전법」 제21조의4에 따라 완충저류시설 설치·관리가 이뤄지고 있으며, 「물환경보전법」 시행규칙 제30조의3은 완충저류시설의 설치대상을 구분하고 있으며, 면적이 150만제곱미터 이상인 공업지역 또는 산업단지를 대상으로 하고 있다. 창원, 울산, 부산 등에서도 시설이 준공되었거나 혹은 계획 중에 있다.

3 우리나라의 제도적 수단

2004년 제정된 「재난 및 안전관리 기본법」은 「자연재해대책법」과의 관계를 규정하였다. 이 당시 재난 관련 법령의 주요 내용을 통합하였으며, 안전관리업무에 대한 총괄조정기능을 보강하여 재난관리의 내용을 강화하고자 하였다. 자연재해(재난 및 안전관리 기본법의 제3조제1호가목)의 예방·복구에 대해서는 「자연재해대책

표 3-3 재난 유형의 변화

2004년(최초 제정 당시)	2023년(현행 법령)
가. 태풍·홍수·호우(豪雨)·폭풍·해일(海溢)·폭설·가뭄·지진·황사(黃砂)·적조 그 밖에 이에 준하는 자연 현상으로 인하여 발생하는 재해	가. 자연재난: 태풍, 홍수, 호우(豪雨), 강풍, 풍랑, 해일(海溢), 대설, 한파, 낙뢰, 가뭄, 폭염, 지진, 황사(黃砂), 조류(藻類) 대발생, 조수(潮水), 화산활동, 소행성·유성체 등 자연우주물체의 추락·충돌, 그 밖에 이에 준하는 자연현상으로 인하여 발생하는 재해
나. 화재·붕괴·폭발·교통사고·화생방사고·환경오염사고 그 밖에 이와 유사한 사고로 대통령령이 정하는 규모 이상의 피해	나. 사회재난: 화재·붕괴·폭발·교통사고(항공사고 및 해상사고를 포함한다)·화생방사고·환경오염사고 등으로 인하여 발생하는 대통령령으로 정하는 규모 이상의 피해와 국가핵심기반의 마비, 「감염병의 예방 및 관리에 관한 법률」에 따른 감염병 또는 「가축전염병예방법」에 따른 가축전염병의 확산, 「미세먼지 저감 및 관리에 관한 특별법」에 따른 미세먼지 등으로 인한 피해
다. 에너지·통신·교통·금융·의료·수도 등 국가기반체계의 마비와 전염병 확산 등으로 인한 피해	(삭제)

법」에 정하는 바에 따르고 있다.

재난 유형은 〈표 3-3〉에서와 같이 변화되었다. 「자연재해대책법」은 1967년 제정된 「풍수해대책법」, 1996년 전부개정된 「자연재해대책법」 이후 지속적인 개정을 통해 현재까지 시·군의 자연재해저감 종합계획의 법적 근거 등으로 활용되고 있다. 「재난 및 안전관리 기본법」 내 자연 현상, 사고 등으로 세분화되어 있던 재난 유형은 자연재난과 사회재난으로 변경되었다. 또한 최근의 사회문제에서 나타나고 있는 감염병 및 미세먼지에 대해서도 함께 다루고 있으며 법적 근거를 명시하고 있다.[5]

도시계획의 유형[6]은 장기적 측면에서 도시 전체의 여건을 고려한 입지 방향에 관한 지침이 담긴 행정계획(예: 도시기본계획[7] 등)과 지침에 따라 공간적으로 구현해나가는 개발사업(예: 도시개발사업 등)으로 분류될 수 있다. 〈표 3-4〉에서와 같이 「국토의 계획 및 이용에 관한 법률」(이하, 국토계획법) 제16조 도시·군기본계획의 수립기준은 시·도 및 시·군의 안전관리계획 및 자연재해저감 종합계획을 고려하도록 명시하고 있다. 또한 국토교통부훈령으로 제정한 도시·군기본계획수립지침[8]에서도 이에 따른 내용을 명시하고 있다.

---

5) 2011년 3월(감염병 및 가축전염병에 대한 법적 근거 구체적인 명시), 2013년 8월(재난 및 사고 유형별 중앙행정기관 명확성을 위한 법적 근거 마련) 개정 등 관련 내용을 꾸준히 개정했다.

6) 「환경영향평가법」에서는 정책계획 및 개발기본계획으로 분류된다.

7) 「국토계획법」의 도시기본계획의 성격은 전략계획, 정책계획 등으로 다양하게 정의된다.

8) 도시·군기본계획수립지침[시행 2021.12.30][국토교통부훈령 제1470호, 2021.12.30, 일부개정].

표 3-4 재난관리와 도시계획의 연동을 위한 제도적 기반

국토계획법 제16조 제9항	도시 · 군기본계획수립지침
「재난 및 안전관리 기본법」 제24조 제1항에 따른 시 · 도안전관리계획 및 같은 법 제25조 제1항에 따른 시 · 군 · 구안전관리계획과 「자연재해대책법」 제16조 제1항에 따른 시 · 군 자연재해저감 종합계획을 충분히 고려하여 수립하도록 할 것	방수 · 방화 · 방조 · 방풍 등 재해방지계획과 피해 발생을 대비한 방재계획을 수립한다. 이 경우, 「재난 및 안전관리 기본법」 제24조 제1항에 따른 시 · 도안전관리계획 및 같은 법 제25조 제1항에 따른 시 · 군 · 구안전관리계획과 「자연재해대책법」 제16조 제1항에 따른 시 · 군 자연재해저감 종합계획을 충분히 고려하여 수립하여야 한다.

우리나라 토지이용체계는 [그림 3-2]에서와 같이 ① 규정체계(계획의 수립근거와 계획내용의 구속력 발휘를 위한 법적 토대 및 지침 제공), ② 계획체계(미래 기본방향의 정책 및 용도지역 결정방향에 관한 기준 제시), ③ 심의 · 허가체계(계획체계 및 규정체계에 맞추어 인허가 여부 판단)로 구성되어 있다(김상조 외, 2011). 〈표 3-5〉에서와 같이 「재난 및 안전관리 기본법」 및 「자연재해대책법」, 「국토계획법」도 계획, 규정, 심의 · 허가체계에 맞추어 볼 수 있다. 자연재해저감 종합계획을 비롯한 계획, 이를 수립하기 위한 수립기준, 심의 · 허가체계는 계획 및 수립기준에 따라 적용되도록 마련되고 있다. 가령 개발사업이 침수위험지역으로 고시된 경우, 입지 등 기본 구상 단계에서부터 사업지역을 제척하거나, 그린인프라 등 저영향개발 기법 등을 도입하도록 하는 것이다.

그림 3-2 현행 토지이용규제 구성체계들과의 관계 모식도

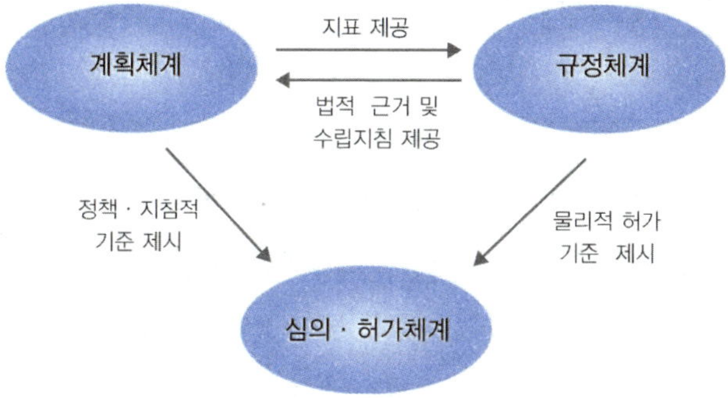

출처: 김상조 외(2011).

표 3-5 재난관리 및 도시계획의 규제별 구성 요소의 예시

구분	재난관리	도시계획
규정체계 (수립기준 등)	자연재해저감 종합계획 수립기준	도시기본계획 수립지침
계획체계	시 · 군 자연재해저감 종합계획	시 · 군 도시기본계획
심의 · 허가체계	개발사업 시 저감대책 마련 (예: 위험지역 제척)	위험지역 이외 개발사업 구상

자연재해 및 사회재난에 관한 저감대책은 관련 계획을 사전에 검토해야 한다. 〈표 3-6〉에서와 같이, 자연재해만 하더라도 도시계획, 하천기본계획, 연안정비기본계획 등 다양한 사업에 대한 연계성을 검토하도록 하고 있다. 사업 방식의 다변화가 대두되면서, 추진 방식에서도 단편적인 투자 방식을 벗어나 일괄 정비를 위한 사업이 제시되고 있다. 저류지 담당부서, 하수도 담당부서로 분절된 것이 아니라, 통합적으로 이뤄질 수 있는 제도를 강화하고 있

다. 「자연재해대책법」 제15조의3에 따른 풍수해 생활권 종합정비계획은 풍수해 생활권의 종합정비를 통해 시설 규모 및 용량을 종합적으로 검토할 수 있도록 하는 방식이다.

표 3-6 자연재해 위험지구 지정 시 연계 가능한 다른 계획 및 사업(예시)

부처	관련 계획 및 사업
국토교통부	도시계획
환경부	하천기본계획, 지방하천 종합정비계획, 특정 하천 유역정비계획, 하수도정비기본계획, 하수도정비중점관리지역 정비사업
산림청	사방사업기본계획
해양수산부	연안정비기본계획
농림축산식품부	배수개선사업, 취약저수지 관리사업
행정안전부	우수유출저감대책, 자연재해위험개선지구 정비사업, 우수저류시설 설치사업, 급경사지 붕괴위험지역 정비사업, 재해위험저수지 정비사업, 풍수해 생활권 종합정비사업

출처: 행정안전부(2022).

「재난 및 안전관리 기본법」 및 「자연재해대책법」, 「국토기본법」, 「국토계획법」에 따른 계획체계에 있어 지역 유형별로 상이한 측면이 존재한다. 「재난 및 안전관리 기본법」 및 「자연재해대책법」은 시·군 및 시·도 단위의 계획 수립에 대한 근거를 마련하고 있다. 도시계획체계는 「국토기본법」과 「국토계획법」이 중심을 이루며, 「국토기본법」에 따라 우리나라는 국토종합계획 및 초광역권계획, 시·도 종합계획을 수립한다. 또한 「국토계획법」에 따라 각 도시별로 수립하는 도시기본계획 및 도시의 문제가 두 개 시의 행정구역을 넘어설 때 수립하는 광역도시계획 등을 다루고 있다.

표 3-7 계획 유형 및 단계별 관련 정부부처 및 지방자치단체

분야	계획 유형 및 단계		정부부처 및 지방자치단체 종류	
			시 · 도[1]	시 · 군 · 구
재난관리	안전관리계획	수립	시 · 도	시 · 군 · 구
		확정	시 · 도	시 · 군 · 구
	자연재해저감 종합계획	수립	시 · 도	시 · 군
		승인	행정안전부	행정안전부
도시계획	광역도시계획	수립	시 · 도	시 · 군
		승인	국토교통부	도
	도시기본계획	수립	시 · 도	시 · 군
		확정	시 · 도	해당 없음
		승인	해당 없음	도 승인

주: 1) 특별시, 광역시, 특별자치시, 도, 특별자치도.

재난관리 및 도시계획의 계획 유형에 따라 수립 및 승인, 확정 주체가 다르다. 안전관리계획은 수립 지방자치단체와 확정하는 지방자치단체가 동일하지만, 자연재해저감 종합계획은 행정안전부 장관의 승인사항이다. 도시기본계획의 경우, 중앙부처의 승인을 받는 것은 시 · 도지사가 공동으로 수립하는 광역도시계획이다. 한편 인구 규모가 100만 명이 넘는 대도시라 할지라도 창원특례시는 도지사 승인이 필요한 반면, 인천의 경우에는 인천광역시장이 확정할 수 있다.

4 재난관리 및 도시계획 관련 정책 사례

1) 국토 · 도시계획체계 내 재난 관련 지침 및 창원시 도시계획 사례

국토종합계획은 현황 및 문제점으로 '재난의 다양화 · 대형화와 통합 대응체계 미흡', '대형 복합재난 증가와 통합적 대응 부족'을 제시하며, 정책과제로는 '국토관리 전(全)주기 방재체계의 구축 · 이행', '기후변화에 대응한 안전국토 구축', '지역 특성을 고려한 통합적 방재체계 구축', '사람 중심의 안전체계 구축', '지능형 국토방재 기반 구축과 유지 · 관리의 고도화'를 제시하고 계획지침[9]을 제시하고 있다(<표 3-8> 참고).

2021년에 마련된 「제4차 경상남도 도종합계획」은 전략별 계획과 부문별 계획으로 나뉜다. 전략별 계획에는 현재 여건 및 전략의 필요성, 추진전략의 목표 및 방향을 바탕으로 시 · 군계획지침이 함께 제시되어 있다. 부문별 계획은 현황 및 여건분석, 미래 트렌드 및 경남 미래 변화 전망, 계획목표 및 추진전략, 추진시책으로 구성되어 있다.

9) 제5차 국토종합계획(2020~2040)은 부문 · 하위계획의 수립 방향을 제시하기 위해 정책 과제별 계획지침을 제시하여 지침형 정책계획의 성격을 띠고자 했다.

표 3-8 「제5차 국토종합계획」 내 재난 관련 계획 수립지침

- 중앙정부와 지방자치단체는 주요 기반시설 계획 수립 시 기후변화와 재난에 관한 사항을 검토하고, 복합재난 취약성을 고려한 입지 선정과 배치 우선순위를 고려한다.
- 지방자치단체는 도시·군기본계획 및 관리계획의 수립·변경 시 재난 취약성을 분석하고, 복합재난 발생 가능성을 파악하여 예방대책을 마련한다.
- 중앙정부와 지방자치단체는 재난취약 1등급지역의 도시개발 추진 시 재난예방형대책을 수립하고, 사업완료 이후 지속적인 모니터링을 수행하는 등 전 주기 관점에서 안전체계를 구축한다.
- 중앙정부와 지방자치단체는 반복적·연쇄적 재난 발생이 우려되는 지역에 대한 모니터링을 강화하고 재난 영향 저감대책을 마련한다.

출처: 대한민국 정부(2020).

전략계획에 검토한 경남의 여건은 '태풍 및 호우 등 자연재난에 취약한 구조', '화재 및 도로교통사고 등 사회재난에 위험한 상황', '인력, 재정 등의 한계 존재'라는 점을 제시했다. 경남도계획과 하위계획을 연결하는 계획 지침은 안전인식을 위한 안전문화 확산 및 전주기 통합적 관리 기반의 역량 강화를 제안하고 있다(〈표 3-9〉 참고).

표 3-9 「제4차 경상남도 종합계획」 내 재난 관련 시·군계획지침

- 시·군민의 생명과 재산 보호를 최우선으로 하는 안전 시스템 마련 및 시·군민의 안전인식 향상을 위한 안전문화 확산 방안 마련
- 재난의 예방 단계부터 복구 단계까지 전주기 통합적 관리를 통한 지역 맞춤형 안전 역량 강화 방안 마련

출처: 경상남도(2021).

「2040년 창원권 광역도시계획(안)」은 2023년 6월 기준 입안 준비 중이다. 전략계획의 성격을 띠고 마련된 계획(안)에서는 '건강

하고 안전한 삶을 위한 기본적인 도시서비스 제공' 전략 내 추진과제로 '재해 · 재난 · 감염병에 대비한 건강 · 안전 인프라 정비'를 마련했다(〈표 3-10〉 참고).

표 3-10 「2040년 창원권 광역도시계획(안)」 내 재난 관련 세부과제

- 간선도로망을 활용한 재난 · 재해 긴급수송로 확보
- 광역치료센터 확충 및 공동이용으로 의료서비스 취약지역 해소
- 대규모 재해 · 재난 · 감염병에 활용가능한 도시기반시설 확보
- 기후변화 및 재난 · 재해에 대비한 도시 내 그린인프라 확충

출처: 창원시 · 김해시 · 함안군(2022).

표 3-11 「2040년 창원시 도시기본계획」 내 해수면상승재해 저감 방안의 예

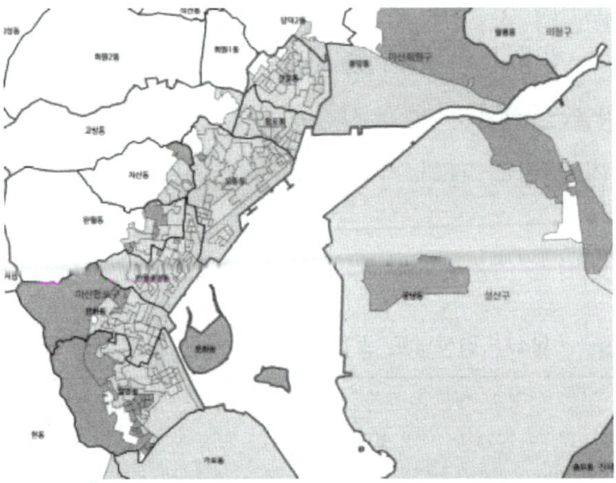

- 연안변 이격 및 완충지대 조성
- 저지대 피해예상지역 지반고 승고
- 지하층 주거용도 제한
- 침수위를 고려한 출입구 및 건축설비 배치
- 재해취약지역 내 경보시설 설치 및 재해 발생 시 대피경로 계획 및 교육

출처: 창원시(2023).

「2040년 창원시 도시기본계획」은 2023년에 고시되었다. 계획 목표는 '기후변화 적응대책', '시민 중심 안전문화 도시 구축', '통합 관제 역량 강화 안전도시 구축'이 마련되었다. 계획서는 기후변화 재해 취약성 분석에 따라 폭우재해, 가뭄재해, 강풍재해, 해수면상승재해에 대한 저감 방안을 취약등급(Ⅰ~Ⅱ등급) 지역을 중심으로 제시하고 있다. 마산만 일대는 기후변화에 따른 해수면상승재해 위험지역으로 제시되었다(〈표 3-11〉 참고).

2) 2003년 태풍 매미 발생 이후의 마산만

태풍 매미는 2003년 대한민국에 막대한 영향을 미친 태풍이다. 『2003년 재해연보』에 따르면, 태풍 매미로 인한 재산피해 4조 2,225억 원으로 연간 총 피해액 4조 4,083억 원의 95.8%에 해당하는 피해액을 발생시켰다. 이 당시 서울, 인천, 경기를 제외한 지역이 피해를 입었다.

〈표 3-12〉에서와 같이 경상남도에서만 사망 61명, 실종 2명, 부상 190명 등의 인명피해와 26,778동의 건물 피해 및 1조 9,058억 원의 피해액이 발생하였다. (구)마산시에서만 18명이 사망했다. (구)마산시 연안과 인접한 통영시가 2,127.1억 원의 피해에도 불구하고, 3명의 사망자가 발생한 것과 대조된다. 마산만의 기상의 경우, 9월 12일 일강우량이 157mm였으며, 마산지역의 조위는 379cm로 최고 조위를 기록했다.

표 3-12 태풍 매미에 따른 경남 시 · 군 피해

구분	재난피해			인구 수(만 명)[1]	
	사망 (명)	건물피해 (동)	피해액 (억 원)	2000년	2020년
경남	61	26,778	19,058.0	297.85	333.31
창원시(구)	5	412	290.8	51.74	47.58
마산시(구)	18	8,519	1,677.4	43.44	36.30
진해시(구)	1	1,901	1,250.5	12.76	19.06
진주시	2	546	808.5	33.98	35.24
통영시	3	5,135	2,127.1	12.38	12.80
사천시	–	2,167	669.5	11.11	11.12
김해시	1	878	1,311.6	33.20	55.24
밀양시	–	230	776.3	11.60	10.32
거제시	3	2,718	1,758.5	16.80	24.70
양산시	1	128	273.7	19.20	35.12
의령군	6	834	1,333.6	3.14	2.60
함안군	1	203	590.4	5.88	6.53
창녕군	9	520	1,131.6	6.54	6.13
고성군	2	810	1,063.4	5.58	5.00
남해군	4	1,504	1,365.6	5.31	4.16
하동군	–	214	675.0	5.10	4.18
산청군	1	111	374.7	3.82	3.35
함양군	–	9	161.3	4.19	3.71
거창군	4	18	650.7	6.60	5.96
합천군	–	475	767.8	5.43	4.21

주: 1) 2010년 창원시(구), 마산시(구), 진해시(구)는 통합창원시로 통합하였으며, 2020년 인구의 경우 창원시(구)는 창원권으로 분류되는 의창구, 성산구 인구, 마산시(구)는 마산권으로 분류되는 마산합포구, 마산회원구의 인구를 합산한 값이다.
출처: 『2003년 재해연보』 및 각 연도 인구총조사 활용.

태풍 매미로 인해 막대한 피해가 발생한 마산만 일대는 근대 시기부터 활용된 지역이다. 1899년 개항한 항구인 마산항이 위치한 연안이며, 이 연안을 따라 시장 및 주거지역, 공공시설[10]이 있다. 이 지역사회에 진행된 대책은 비구조적 및 구조적 저감대책으로 나뉠 수 있다.

첫째, 공원을 중심으로 한 비구조적 대책의 활용이다. 매미를 겪은 이후 항만시설의 폐쇄가 이뤄졌다. 2003년 당시 막대한 피해를 일으켰던 원인 중 하나인 항만 내 원목 적재기능 등은 마산항 4부두에서 수행하고 있다. 또한 서항지구 친수공간 조성공사가 2017년부터 2021년까지 진행되었으며, 498억 원의 사업비가 투입되었다. 이 당시 친수공간(216,468m^2)뿐만 아니라 해양신도시를 연결하는 보도교가 건립되었다. [그림 3-3]의 왼쪽 사진(1)에서와 같이 시민들을 위한 장소로 활용되고 있다.

둘째, 구조적 저감대책은 펌프장, 차수벽 등이 건설되었다. 구조적 저감대책은 펌프장, 차수벽 등이 해당된다. 펌프장은 마산서항 재해위험개선지구 정비사업을 통해 이뤄졌다. 펌프장의 설계용량은 시간당 강우량 80mm(1분당 2,174ton)까지 견딜 수 있도록 설치되었다.[11] 또한 기립식으로 차수벽을 설치하고, 강화유리로 된 방패막을 설치했다. [그림 3-3]의 오른쪽 사진(2)에서와 같이, 2022년 9월 힌남노[12]가 대한민국에 접근했을 때 가동한 바 있다.

---

10) 2013년 완공된 정부경남지방합동청사는 질병관리본부 국립마산검역소, 관세청 마산세관, 해양수산부 마산지방해양수산청 등 해양, 항만, 검역 관련 청사가 있다.

11) 마산서항 재해위험개선지구 정비사업 실시계획(변경) 공고.

12) 태풍 힌남노는 경주 및 포항 지역에서 막대한 피해를 일으켰으며, 경주·

그림 3-3 마산만 일대 친수공간(1)과 차수벽 가동 현황(2)

(1) (2)

5 재난관리의 전문성 강화를 위한 도시계획의 역할

1) 이해관계자를 고려한 계획 수립의 역량 강화

계획 수립 과정에서 지역별로 다른 정보역량을 고려해야 한다. 디지털 사회에서 생산 및 활용 정보는 지역별 혹은 계층별로 차이가 나타날 수 있다. 『2022년 디지털 정보격차 보고서』에 제시된 계층별 디지털정보화 수준에 따르면(〈표 3-13〉 참고), 고령층 디지털정보화 수준이 69.9%로 가장 낮으며, 저소득층(95.6%)이 가장 높고, 장애인 82.2%, 농어민 78.9% 순으로 나타나고 있다(과학기술정보통신부 · 한국지능정보사회진흥원, 2022).

포항은 특별재난지역으로 선포되었다.

표 3-13 계층별 디지털정보화 수준(일반국민=100)

(단위: %)

구분	2018년	2020년	2022년
장애인	74.6	81.3	82.2
고령층	63.1	68.6	69.9
저소득층	86.8	95.1	95.6
농어민	69.8	77.3	78.9
취약계층 평균 (계층별 인구 규모를 고려한 가중 평균)	68.9	72.7	76.2

주: 대비 수준: 일반국민의 디지털정보화 수준을 100으로 할 때, 일반국민 대비 4대 계층의 디지털정보화 수준을 의미.
출처: 과학기술정보통신부 · 한국지능정보사회진흥원(2022).

재난관리 및 도시계획 수립 과정에서 정보공유가 필요한 이해관계자를 적절히 발굴해야 한다. 이해관계자 발굴에 따라 정확한 재난 정보를 전달하고 모니터링해야 한다. 재난 정보 기반 강화를 위해 지방자치단체는 재난안전과 관련한 정책연구개발을 강화하고 있다. 그 중 하나로 경상남도는 2020년 조례 개정을 통해 경상남도 재난안전연구센터, 재난통계, 재난관리 정책의 연구 · 개발 활용에 관한 조례 사항[13]을 신설했다. 2021년 2월 개소한 경상남도 재난안전연구센터는 체계적인 재난연구, 재난 정보 구축, 연구협력을 중점적으로 수행하고 있다.

13) 경상남도 재난 및 안전관리 기본 조례[시행 2022.11.3][경상남도조례 제5278호, 2022.11.3, 일부개정].

2) 위험평가를 위한 과학기술의 활용

재난 유형별 위험평가 과정에서 과학적인 방식의 강화가 필요하다. 우리나라 정부는 2019년 「재난·안전 R&D 투자시스템 혁신방안」을 마련하여 SAFE 모델[재난 파급효과(Scenario), 지역특화(Area), 현장수요(Field), 환류체계(Evaluation)]을 발표했다(과학기술관계장관회의, 2019). 또한 2022년에는 「재난 및 안전관리 기본법」에 근거를 둔 「제4차 재난 및 안전관리 기술개발 종합계획(안)」은 2023~2027년 재난안전 분야 기술개발 방향(21개 소관기관)을 담고 있다.

위험평가에서 공간정보의 개발과 활용이 동시적으로 진행되어야 한다. 공간정보는 지역사회 문제 해결에 있어 다학제간의 학문으로 발전해 왔다(나딘 슈르만, 2013). 콜레라 지도 및 홍수터 지도, 교통안전사고 위험지도 등 다양한 재난 유형에서 유연하게 활용될 수 있다. 행정안전부는 생활안전지도가 서비스되고 있으며, 각 지자체에서도 포털을 활용한 정보를 제공하고 있다. 공간정보기반의 재난 정보체계 연구개발은 미래시점의 위험을 다양하게 예측하기 위한 실질적인 재난 정보를 수집-가공-생산할 수 있도록 해야 한다.

3) 재난 및 도시계획 특성을 고려한 레질리언스 강화

레질리언스(resilience)는 재해에 대해 저항, 흡수, 대응, 회복하는 지역사회의 총체적인 역량을 뜻한다(UNISDR, 2017b). 국제연합재해경감전략 사무국(United Nation International Strategy for Disaster

Reduction: UNISDR)은 레질리언스를 강화하기 위한 10가지 필수 리스트를 〈표 3-14〉에서와 같이 마련하고, 지방정부의 관계자가 활용할 수 있는 공통적인 체크 리스트로서 제공하고 있다(UNISDR, 2017b).

표 3-14 UNISDR의 레질리언스 강화를 위한 10가지 필수 리스트

1	재난 레질리언스를 위한 조직구성 및 이행준비 (Organise for disaster resilience)
2	현재와 미래의 위험 시나리오 분석, 이해, 활용 (Identify, understand and use current and future risk scenarios)
3	재난 레질리언스를 위한 재정적 역량 강화 (Strengthen financial capacity for resilience)
4	레질리언스 기반의 도시개발과 설계 추구 (Pursue resilient urban development and design)
5	자연생태계가 제공하는 보호기능 강화를 위한 자연 완충재 보존 (Safeguard natural buffer to enhance the protective functions offered by natural ecosystems)
6	레질리언스를 위한 기관역량 강화 (Strengthen institutional capacity for resilience)
7	레질리언스를 위한 사회적 역량 이해 및 강화 (Understand and strengthen societal capacity for resilience)
8	사회기반시설의 레질리언스 강화 (Increase infrastructure resilience)
9	효과적인 재난 대응력 확보 (Ensure effective disaster response)
10	신속한 복구와 더 나은 상태로의 재건 (Expedite recovery and build better)

출처: UNISDR(2017b).

6 미래세대를 위한 국제사회와의 협력의 필요성

기후변화 및 도시화에 따른 재난위험의 증가에 대해 국제사회는 지속가능한 개발목표를 정립하고 대응하고 있다. 기후변화 및 도시화는 현 세대 문제를 넘어서 미래세대에게도 막대한 영향을 미치기 때문이다. 특히, 도시화 및 재난이슈는 범(凡) 분야 이슈로서 다양한 문제와 직・간접적으로 연계될 수 있다.

국가협력전략(Country Partnership Strategy)[14]에 따른 재난(물관리 및 위생 등) 및 도시 분야에 대해 지방자치단체의 경험을 공유할 수 있는 전략이 마련되고 있다. 한국국제협력단(Korea International Cooperation Agency: KOICA)은 도시 분야에 관한 중기전략에서 중점사업으로 기후변화 재해 대응형 도시계획 수립, 도시재난관리 제도 현대화와 같은 역량 강화를 다루고 있으며(〈표 3-15〉 참고), 도시 회복력 진단 및 관련 정책 수립 건수를 산출물 지표 등으로 함께 다루고 있다(한국국제협력단, 2021).

재난이 미래세대에게 반복되지 않기 위해서는 국제사회와의 공조는 중요하다. 국제사회는 공적개발원조 단계에서 지역 여건을 고려한 정책이 개발될 수 있도록 해당 국가의 인력 양성을 강화하고 있다. 재난 및 도시계획 분야의 인력 양성에 있어서도 재난의 지역 특성을 고려할 수 있도록 정책 및 교육 현장이 중요하다. 재

14) 우리나라가 국제개발협력을 적극적으로 진행할 중점협력국에 대하여 중점협력 분야 및 협력 방향 등을 담은 지원전략을 말한다.

난관리 및 도시계획에 관한 협력 시, 정책 및 교육 현장 경험이 풍부한 지방자치단체와 대학도 더욱 적극적으로 역할을 모색해야 한다.

표 3-15 KOICA 도시 분야 중기전략에서의 전략목표 및 프로그램

전략목표	프로그램
계획기반 지속가능한 도시화 및 스마트 도시성장 지원	• 계획적인 도시개발 및 관리 기반 구축 • 자연과 사람이 공존하는 스마트 도시개발(스마트 그린 도시) • 문화 및 자연 유산 보존과 활용
도시 취약계층을 고려한 포용적 도시개발	• 포용적 주거 및 도시개발 • 도시 공공공간 조성 및 개선
회복력 있고 안전한 도시개발을 위한 다분야 통합적 접근	• 도시 회복력 개선을 위한 다분야 융합 • 핵심 인프라 건설 연계형 통합적 도시개발

출처: 한국국제협력단(2021).

참고문헌

과학기술관계장관회의(2019). 재난·안전 R&D 투자 시스템 혁신방안(안). 세종: 과학기술정보통신부.

과학기술정보통신부·한국지능정보사회진흥원(2022). 『2022년 디지털 정보격차 보고서』.

김상조·김성수·김동근·오선영(2011). 『도시정책 패러다임 변화에 따른 토지이용규제방식의 개선방안 연구』. 세종: 국토연구원.

나딘 슈르만(2013). 『짧은 지리학 개론 시리즈: GIS』. 이상일·김현미·조대헌 옮김, 서울: 시그마프레스.

소방방재청(2004). 『2003년 재해연보』.

조지 오웰(2010). 『위건 부두로 가는 길』. 이한중 옮김, 서울: 한겨레출판사.

창원시(2023). 『2040년 창원시 도시기본계획』.

한국국제협력단(2021). 『KOICA 분야별 중기전략 2021-2025』.

행정안전부(2022). 『자연재해저감 종합계획 세부수립기준』.

Daniels, T.(2017). *The Environmental Planning Handbook for Sustainable Communities and Regions*. New York: Routledge.

FEMA(2022). *Local Mitigation Planning Policy Guide*.

Kaiser, E. J., & Godschalk, D. R.(1995). Twentieth century land use planning: A stalwart family tree. *Journal of the American Planning Association*, 61(3): 365-385.

Rouse, David & Piro, Rocky(2022). *The Comprehensive Plan: Sustainable, Resilient, and Equitable Communities for the 21st Century*. New York: Routledge.

UNISDR(2017a). *Words into Action guidelines: National disaster risk assessment.*

UNISDR(2017b). *How to make cities more resilient: A handbook for mayors and local government leaders.*

제 4 장

재난관리와 치안

「경찰 재난관리 규칙」은 「재난 및 안전관리 기본법」에 따른 경찰의 재난관리체계를 확립하고, 경찰의 재난관리에 관한 사항을 규정함을 목적으로 시행되고 있다. 동 규칙 제2조에는 재난 상황 시 국·관의 임무를 규정하고 있고, 경찰의 재난관리 업무를 총괄·조정하는 치안상황관리관의 역할을 명시하고 있다.

이와 같이 경찰은 단순한 집행·관리 기능을 주로 하는 질서 유지, 범죄통제 등의 안정 유지자로서의 기능뿐만 아니라 급격한 사회 변화를 가져오는 환경으로부터의 여러 가지 조건들을 해결하며, 적극적·능동적으로 재난에 대응하고 관리하기 위한 기능까지 담당하고 있다(조호대, 2014).

표 4-1 경찰청 국·관별 재난관리 임무

국·관	임무
치안상황관리관	• 재난대책본부 및 재난상황실 운영 • 재난관리를 위한 관계기관과의 협력 • 재난피해 우려지역 예방 순찰 및 재난취약 요소 발견 시 초동 조치 • 재난지역 주민대피 지원
대변인	• 경찰의 재난관리 관련 홍보
감사관	• 재난 상황 시 재난관리태세 점검
기획조정관	• 재난관리와 관련한 예산의 조정·지원
경무인사기획관	• 경찰관·경찰관서의 피해 예방 및 피해 발생 시 대응·복구 • 재난 상황 시 직원 복무 및 사기관리
정보화장비정책관	• 재난관리 자원 비축·관리 및 보급 • 국가적 정보통신 피해 발생 시 긴급통신망 복구 지원 • 재난지역 통신장비 설치 및 운영 • 그 밖에 재난관리를 위한 장비의 지원
생활안전국	• 재난지역 범죄예방활동 • 재난지역 총포·화약류 안전관리

교통국	• 재난 대비 교통취약지 예방 순찰 및 취약 요소 발견 시 초동 조치 • 재난지역 교통통제 및 긴급차량 출동로 확보 • 재난지역 교통안전시설 관리 • 재난 관련 인적·물적 자원의 이동 시 교통안전 확보
경비국	• 재난관리를 위한 경찰부대 및 장비 동원 • 재난관리 필수시설의 안전관리
공공안녕정보국	• 재난취약 요소에 대한 정보활동 • 재난 상황 시 국민 안전을 확보하기 위한 정보활동
외사국	• 해외 재난안전정보 수집 • 재난지역 체류 외국인 관련 치안활동
형사국	• 재난지역 강도·절도 등 민생침해범죄의 예방 및 검거 • 재난으로 인한 인명피해 발생 시 원인이 되는 불법행위에 대한 수사
수사국	• 재난 관계 법령 위반 행위에 대한 수사 • 매점매석 등 사회혼란 야기 행위에 대한 수사 • 감염병·가축전염병의 확산으로 인한 재난 발생 시 역학조사 지원 • 기타 재난 발생의 원인이 되는 불법행위에 대한 수사
과학수사관리관	• 재난 상황으로 인한 사상자 신원 확인
사이버수사국	• 온라인상 허위정보의 생산·유포 행위 대응 및 수사 • 온라인상 매점매석 등 사회혼란 야기 행위에 대한 수사
안보수사국	• 재난지역 국가안보 위해 요소 점검

출처: 「경찰 재난관리 규칙」.

1 재난관리와 치안 현황

1) 연계 논의의 필요성

재난이 일어나면 범죄가 증가하거나 감소하는 귀결론적인 영향을 미친다(박한호, 2020). 원리적인 현상이라는 점에서 사회적 거리두기나 이동제한 명령은 대면 범죄 수법을 사용하는 잠재적 범죄자들에게는 범행기회를 줄이기 때문에 범죄가 감소한다는 것을 쉽게 예상할 수 있다. 하지만, 범죄의 영향은 상호적 · 단계적이다. 가장 중요한 것은 직업적 범죄자의 범죄 동기는 사라지지 않는다는 점을 감안한다면 범죄의 전이 현상 또한 일어난다. 이처럼 재난은 대부분의 사람들에게 고난이고 역경이지만 일부 범죄자들에게 범죄를 유발시키는 환경이 될 수 있으며, 새로운 기회로 작용하기도 한다.

사회적 거리두기는 코로나19와 같은 사회적 재난의 예방 방법이지만 사회적 거리두기로 인한 가정 내 폭력의 증가는 이러한 재난과 범죄의 연구 필요성을 단적으로 보여준다. 따라서 재난으로 인한 인간활동의 변화를 이해하여 범죄에 미치는 영향을 논의하고 분석하고 나아가 이를 방지해야 한다. 재난이 미칠 사회적 · 경제적 생활에 대한 혼란의 규모를 감안할 때 범죄에 미치는 전반적인 영향이 예상보다 현저히 낮지만, 이론적 논의를 통해 재난 현상에 따른 범죄 현상의 변화와 발생 형태를 분석하는 것은 매우 중요하다.

2) 재난과 범죄 발생 간 관계

재난은 범죄의 기회를 제공한다. 범죄를 억제하거나 통제하는 다양한 원인 중 몇 가지가 재난 상황에서 무력화되기 때문이다. 재난의 결과로 인해 유대이론에 따른 유대의 약화, 억제이론 및 통제이론에 따른 법집행력의 결손이 일어난다.

다양한 사회적 재난이 존재하지만, 코로나19와 같은 전염병에 따른 재난은 국지적인 현상을 넘어 대유행하는 초사회적 재난으로 일반적 사회적 재난과는 큰 차이를 보인다. 특히, 대처 방식에 차이를 보이는데 전염병은 치료제가 없는 경우 사회집단의 해체(사회적 거리두기, 집합금지명령, 이동제한명령)를 통해 예방이 되거나 재난의 정도를 감소시키는 특징을 가진다. 이에 따라 사회적 거리두기가 시행되었는데, 이러한 사회적 거리두기는 범죄의 양과 분배에 영향을 준다.

2020년 3월 9일 유럽 국가 중 최초 폐쇄정책을 시행한 이탈리아는 전년 대비 동기간 동안 전체 범죄량은 64%나 감소했다. 이처럼 이동 자체가 감소됨에 따라 노상에서 일어나던 노상 범죄들이 감소되었고, 범죄자 스스로도 자신의 안전을 위해 외출을 자제함에 따라 전체적 범죄의 양에 영향을 미쳤다.

최근 선행연구도 존재하는데 몰러와 그의 동료들(Mohler et al., 2020)에 따르면, 자택에 머무는 시간이 길어지면서 개인 공간 및 재산에 대한 보호자(소유인)의 증가로 절도 및 강도와 같은 범죄가 감소하였다. 그러나 거리두기 및 이동제한 명령과 같은 조치가 가정 내 머무르는 시간을 증가시켜 가족 구성원 간의 갈등을 야기하고, 그 결과 가정폭력이 증가됨을 분석하기도 하였다. 이처럼 코로나19로 인해 사회적 거리는 몇 가지 특정 범죄 유형에 통계적으로 유의미한 영향을 미치는 것으로 나타나 범죄 현상에 변화를 가져왔다.

2 재난에서의 경찰 역할

1) 국내

우리나라의 재난관리체계는 정부의 참여를 기반으로 대응하는 체계를 구축하고 있다. 대규모 재난이 발생하면 중앙재난안전대책본부를 설치하고, 행정안전부 장관이 본부장을 맡아 재난의 대응과 복구를 총괄하고 조정하는 역할을 수행한다. 각 부처에서는 재난유형에 따라 관리하는 중앙사고수습본부를 설치하고, 지방자치단체에서는 지역 차원의 재난대응을 총괄·조정하는 지역재난안전대책본부를 설치한다.

경찰은 국민생활 안전 확보, 치안서비스 기반 확충, 사회적 안정 확보와 더불어 재난·테러 등 국가 위기관리 역량 강화에도 기여하고자 한다. 이에 따라 재난 발생 시 경찰의 경우 경찰청 치안

그림 4-1 재난관리 체계도

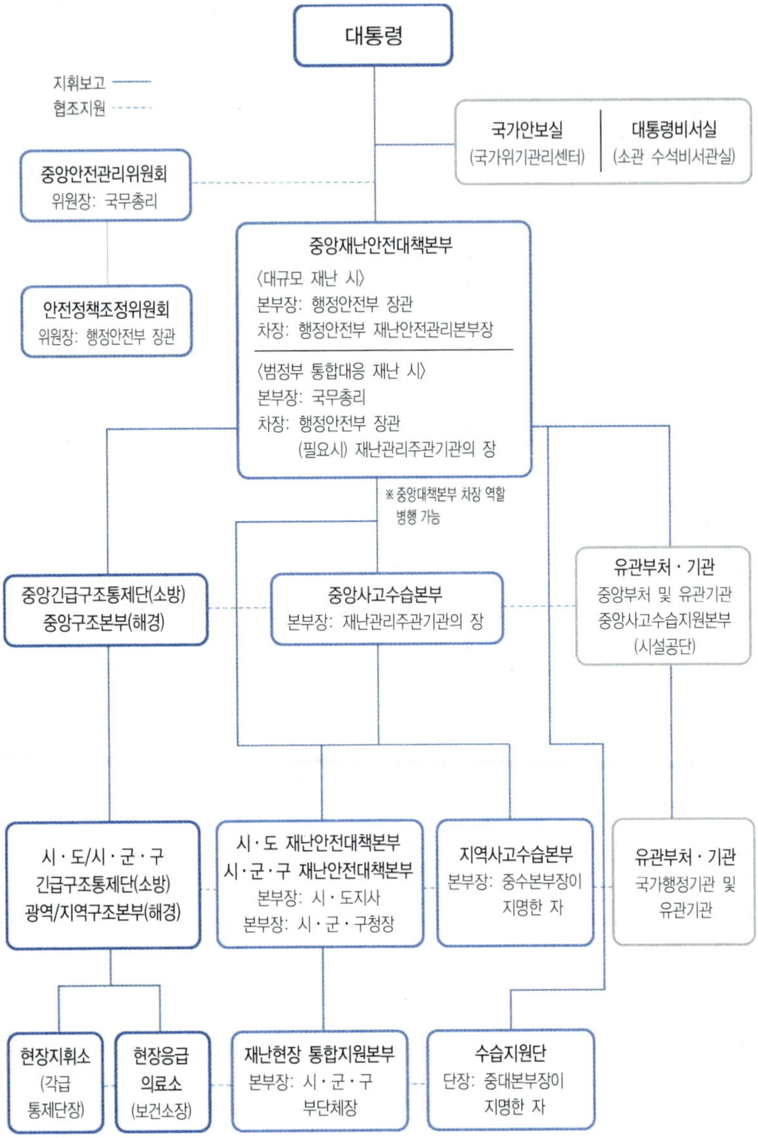

출처: 행정안전부(2021). 대한민국 재난안전관리.

상황관리관이 본부장이 되어 재난대책본부를 설치 및 구성하고, 재난상황실이 가동된다. 재난대책본부는 중앙재난안전대책본부, 중앙사고수습본부, 기타 관련 기관과 협조하여 경찰재난관리와 관련한 주요 정책을 결정하고, 방재・피해복구를 위해 필요한 사항을 결정한다. 시・도 경찰청에서는 지역별 재난 상황에 따라 재난대책본부를 설치・운영할 수 있다. 또한 시・도 경찰청에서는 관할 지역 내 재난 현장의 대응활동을 총괄하기 위하여 현장지휘본부를 설치할 수 있다(오혜성, 2023: 150-151).

2) 국외

(1) 미국

미국에서 이전에 이루어졌던 경찰활동에 관한 연구들은 대부분 경찰의 활동이 범죄자의 검거였다면, 현재는 경찰기능의 80~90%가 가정불화, 교통사고, 실종자 수색, 교통안내, 그리고 재난 및 위기관리업무이다(이명진 외, 2021; Palmiotto, 2005). 즉, 옛날의 경찰의 역할은 범죄를 예방하고 범죄가 일어났을 때 범인을 체포하는 등 치안 역할이 중심이였다면, 최근에는 국민에게 안전서비스를 제공하고 광범위한 문제를 해결하는 해결사 역할이 주된 업무라고 할 수 있다(Park, 2013). 미국에서의 경찰은 국민과는 따로 분리해서 생각할 수 없는 존재다. 경찰은 국민들의 의지와 동의로부터 권력이 발생하고, 국민들 중에서 경찰을 채용한다(Roberg, 1978).

미국 경찰이 중요하게 생각하는 경찰의 역할을 정리해 보면 다음과 같다(Bristow, 1972). 경찰의 중요한 역할(Primary Police Role)은 ① 일반적인 생명과 재산 보호, ② 피해에 대한 초기 구조, ③ 필요한 경우, 이재민 대피, ④ 위기 현장에서의 부상자 수색 및 구조, ⑤ 위기 현장 출입을 막기 위한 경찰선(police line) 설치, ⑥ 교통통제 및 우회로 설치, ⑦ 재난 현장에서의 약탈 방지(prevent looting), ⑧ 위기 상황과 관련된 모든 기관에 통지, ⑨ 현장에서의 시민들의 공포감 덜어주기, ⑩ 재난 현장 주위의 군중 통제, ⑪ 사상자 분류, ⑫ 상호 응원 계획의 수립 및 유지, ⑬ 재난 외부의 경찰서비스 유지, ⑭ 자원봉사자 조직 및 활동, ⑮ 재난의 정확한 본질과 범위 결정이다.

이차적 역할(Secondary Police Role)로써는 ① 사망자 보호, ② 시간대별로 사고를 기록하고 유지, ③ 정확한 피해 보고, ④ 재산 보호 및 회복, ⑤ 사망자 신원확인, ⑥ 사망자 및 부상자 가족에게 통지, ⑦ 통제지역에 통행증 발급 및 통제, ⑧ 사진, 서류 작업, ⑨ 정확한 뉴스 보도 도움, ⑩ 실종자 보고이다. 위와 같이 미국 내 각종 위기 상황에서는 경찰뿐만 아니라 다양한 기관이 참여한다. 이와 같은 각기 다른 조직구조, 조직 규모, 자원을 가지고 있다(Perry, 1985). 이 중에서 경찰은 재난을 통제하기 위하여 여러 기관들과 다양한 협력관계를 유지한다(Bristow, 1972).

(2) 일본

일본 경찰은 대규모 자연재난(지진, 쓰나미, 풍수해 등)이 발생할 경우 재난 상황에 즉각적으로 대응할 수 있도록 재해대책법, 국가공안위원회・경찰청방재업무계획 등과 같은 법적 근거에 의해 임무 범위가 명확히 규정되어 있다. 그리고 일본 경찰은 지역방재계획의 작성 등에 의해 지역에서의 역할도 담당하고 있다. 따라서 일본 경찰의 역할은 매우 유동적이게 활동하고 있어 그 역할을 명확히 규정하기는 힘들다.

(3) 프랑스

프랑스 경찰조직은 내무부 소속의 국가경찰총국을 주축으로 한 국가일반경찰(Police nationale)과 국방부 소속의 군인공무원 지위를 갖는 국가군경찰(Gendarmerie nationale)이 국가경찰제의 주축이다.

국가일반경찰은 3개 직군(commissaires, officiers, gardiens de la paix), 국가군경찰은 2개 직군(officiers et sous-officiers)으로 구성된다.

국가경찰과 자치경찰은 행정경찰기능으로 상호 보완관계를 유지하지만, 사실상 국가 안전과 질서유지 등을 위하여 국가경찰제가 프랑스 경찰력의 주축이다. 국가일반경찰은 권한과 임무는 내무부 산하 국가경찰총국의 국가방첩국(direction centrale des renseignments generaux)을 중심으로 국가경찰은 국가안전을 위한 정보수집, 정치, 경제, 사회 등 여러 분야에 걸쳐 치안 관련 정보를 수집하여 행정부에 자료제공 및 도박, 경마 등의 분야를 감시하는 임무를 수행한다. 내무부의 전국행정조직과 국가일반경찰 전국조직을 주축으로 다음과 같은 다섯 가지 기본적인 주 임무가 국가경찰의 기본역할과 기능을 이루고 있다. 프랑스 전 영토에서 국가주권의 확보이다. 즉, 전 국토에 걸쳐 국가주권을 확보하는 책임을 맡고 있고, 지방에서는 국가의 행정권이 확보될 수 있도록 법령의 준수 등을 책임진다.

① 해외의 프랑스 영토를 포함한 전 국토에 걸쳐 영속적으로 '국가주권'을 확보하는 책임, ② 모든 공공단체의 성실성을 확보한다. ③ 지방자치제의 테두리에서 지방정부의 자율권이 보장될 수 있도록 감시하며, 지방정부의 행정권 확보도 가능하도록 책임을 맡는다. 시민의 생명과 재산을 보호이다. 즉, 국민의 기본권 보장을 위한 법령의 준수를 책임지고, 재난 및 사회적 갈등으로부터 국민을 보호한다. ④ 전 국민의 기본권 행사를 보장하는 규칙들을 발의하며, 이 규칙들이 존중될 수 있도록 책임진다. 특히, 전 국민의 선거권 행사에 관한 보장을 책임진다. ⑤ 모든 종류의 재해로부터, 또한 궁극적으로 발생되는 사회적 갈등의 결과로부터 야기된 모든 위험으로부터 국민들을 보호한다. 말하자면, 범죄와 비행퇴치, 마약퇴치, 교통법규와 도로안전수칙의 준수, 불법노동, 소요사태 처리, 공공질서유지, 방범활동 등을 중점적으로 수행한다. 또한 각국의 경찰로 구성된 인터폴과의 협력적으로 업무를 수행하는 것이 국가일반경찰의 주된 임무이다(Security Policy Research Institute, 2005). 따라서 프랑스 국가일반경찰의 재난 발생 시 임무는 상기에서 언급한 모든 종류의 재해로부터, 또한 궁극적으로 발생되는 사회적 갈등의 결과로부터 야기된 모든 위험으로부터 국민들을 보호하는 것으로 정리할 수 있다.

(4) 스페인

스페인 자치주경찰의 권한 및 임무는 1986년 경찰조직법 제5권에서 지방경찰은 다음과 같은 임무를 기본적으로 수행한다라고 규정하고 있다. 지방정부의 기관, 시설과 건물의 보호, 관할지역 내의 교통통제 및 신호체계 관리, 교통사고의 처리 및 보고(국가경찰에 보고), 자치정부 관할 내의 행정경찰사무 수행 및 자치정부 조례 및 시장령 집행, 동법 제29-2조에 의거한 사법경찰활동에의 참여, 천지지변 및 재난활동과 민방위활동에 관여, 안전사고 등의 예방조치(국가경찰에 보고), 집회 및 시위의 경우 공공장소의 감시와 국가경찰 및 지역경찰활동에 협력, 접수된 사건의 경우 사인 간의 갈등 해결에 협력 등 위의 기능 중에서 두 가지 국가경찰에 보고하는 것을 의무적으로 규정하였다.

또한 마드리드주 자치경찰의 기본임무는 마드리드주 자치경찰 협력조정법 제4조에 의해서 자치경찰의 업무수행의 경우 각 자치경찰관은 시장이 행한 것과 동일한 법률적 효과를 발생시킨다고 규정하고 있다. 이와 같은 자치경찰의 권한 및 기능은 마드리드주 자치경찰 협력조정법 제4조~제10조 이하에서 다음과 같이 규정하고 있다. ① 명령, 고시 등 시의 행정결정에 관련한 집행 및 행정경찰활동, ② 도심지 내에서 교통법규에 근거한 교통정리 및 교통질서 확립, ③ 교통사고와 관련한 교통정보 제공, ④ 시 권한에 속하는 환경 및 관련 법령의 집행 및 시행정명령 등 준수 여부 감시, ⑤ 지방정부 관련 지역인사(시장 등)의 경호, 공공건물 및 공공시설 경비, ⑥ 사법경찰 임무 수행 시 국가경찰활동에의 참가, ⑦ 사고,

재난, 또는 공공재해 발생 시 각 법률이 정한 바 또는 시민보호 계획에 따른 구조 및 원조활동, ⑧ 범죄예방조치 및 진압활동 이 밖에도 시민들의 시위 보호, 대규모 군중집회에서 질서유지 필요 요청에 대한 국가 경찰과의 협력, 시민의 요청 시 개인갈등 및 분쟁 해결에 노력해야 한다라고 규정하고 있다(Security Policy Research Institute, 2005). 사고, 재난, 또는 공공재해 발생 시 각 법률이 정한 바 또는 시민보호계획에 따른 구조 및 원조활동으로 규정하고 있는 스페인의 자치경찰의 재난 발생 시 임무를 통해 경찰이 시민들의 구조에 직접적으로 참여할 수 있도록 규정하고 있음을 알 수 있다.

3 활용 분야

1) 해상 분야

① 해상 수색구조(예방 순찰): 연안의 선박 및 인명 수색에 활용한다. 정해진 경로를 따라 탐조등, 스피커를 활용하여 자동 수색하며, 필요시 구명환을 투하한다.

② 해상 경비: 의심 선박을 자동 탐지 후 상황실에서 수동으로 근접하여 자세한 정보(조업 형태, 선명, 허가 번호판 식별 등)를 획득하여 활용한다.

③ 해상오염 방제: 연안의 유류 유출 예상지역을 탐지하여 양상을 상황실에 전송하고 지도상에 유류 확산 영역을 표기한다(김근택 외, 2017).

2) 육상 분야

① 감시/추적: 불법 게임장 등으로 이동하는 차량을 안전하게 추적하며, 촬영한 영상과 드론의 위치 정보를 현장 GCS 차량에 전송한다.
② 불법 드론 제압: 네트건(netgun)이나 재머(jammer)를 이용하여 불법적으로 운용 중인 드론을 제압한다.
③ 교통량 확인: 특정 정체 구간의 교통량 확인에 활용하며, 경찰서 및 교통상황센터로 영상을 전송한다. 필요할 경우에 고속도로 갓길 밖에서 이륙하여 버스 전용 차선 위반 차량 번호판을 식별한다.
④ 순찰: 주요 우범지역에 대해 무인기를 활용하여 자동 순찰을 수행하고 필요시, 탐조등과 스피커를 활용한다.
⑤ 수색/추적: 넓은 개활지에서의 용의자 추적에 무인기를 활용한다(김근택 외, 2017).

3) 정보 분야

국가재난관리에 있어서 적실성 있는 정보는 국민의 생존과 국가 전체의 운명을 좌우할 수 있는 중요한 요소이다. 특히, 재난은 일반범죄에 비해 피해의 규모와 복구비용이 상상을 초월할 정도로 크다는 특성을 갖고 있다. 이에 재난 발생 이후의 대응보다는 재난 발생 이전의 예방과 대비의 중요성이 크게 부각되고 있으며, 효과적인 재난예방과 대비를 위해서는 적실성 있는 정보가 무엇보다 필수적이다.

이러한 정보의 중요성에도 불구하고 과거 국가재난의 총괄·조정기구인 (구)국민안전처에 재난 관련 정보를 수집하고 분석할 수 있는 전담기구가 존재하지 않았으며, 문재인 정부의 출범 이후 재탄생한 행정안전부의 경우에도 이러한 기능을 담당하는 전담부서는 두지 않고 있다. 이는 미국 국토안보부의 경우 장관 아래에 정보분석 등을 전문적으로 담당하는 차관을 두고 국가재난을 총괄 조정하도록 하는 것과 큰 차이를 보인다. 또한 미국이 테러에 대비하기 위해 국토안보부가 FBI, CIA 등 수사정보기관을 조정하여 대테러 업무를 총괄하고 테러 방지 및 저지 등의 지휘권을 행사하도록 하는 것과도 차이를 보인다(송창영, 2013: 273).

정보공유의 목적은 국가나 사회의 위기에 대한 예방적 기능을 강화하고, 재난 발생 시 국가 차원에서 신속하고 정확한 대응을 통해 효율적으로 대처하며, 특히 그 과정에서 발생할 수 있는 가외성으로 인한 행정비용을 절감코자 하는 것으로 요약될 수 있다. 즉, 공공부문에서 나타날 수 있는 정보독점 및 그로 인하여 야기될 수 있는 중복성으로 인한 행정비용 낭비를 방지하고, 특히 국가위기 상황에서 대응성을 제고하기 위함이라는 점에서 경찰정보의 활용은 타당성을 갖는다(이재은·김겸훈, 2007: 160-179).

경찰은 전문 정보기관으로서 각종의 경찰이 수집한 정보는 국가재난에 있어 유용한 가치를 가질 수 있다. 정보경찰은 경찰청 정보국을 중심으로 전국 단위의 치안정보 그물망을 보유하고 있어, 전국적 규모의 자연재해 또는 신종 전염병 등 국가재난 시에 경찰청 정보국을 통한 체계적이고 일사불란한 정보의 수집은 재난의 예방뿐만 아니라 대비, 대응, 복구 등 전 단계에서 유용하게 활용될 수 있다. 특히, 특수재난 분야인 테러의 경우 비밀정보기관인 국가정보원과 부문정보기관인 경찰청 이외에 이를 취급할 수 있는 조직과 전문성을 갖춘 정부기관이 없어 경찰의 예방정보가 필수적이라고 할 수 있다(함혜현 · 박주상, 2017: 266-267).

4 재난관리에 있어 치안의 방향 필요성[1)]

스마트 치안(SMART Policing)을 위한 핵심 자원은 바로 범죄와 관련된 수많은 범죄 관련 데이터다. 국내에서는 '스마트 치안 빅데이터 플랫폼(Smart Policing Big Data Platform)'이 활용되고 있다. 스마트 치안 빅데이터 플랫폼은 경찰과 공공, 민간이 협력해 만든 치안을 위한 맞춤형 빅데이터 서비스다. 생활안전, 교통, 수사, 사이버안전, 과학수사 등 31개 시스템에서 약 145억 건에 달하는 정형데이터를 하나로 통합한 것이다.

1) 글로벌 과학기술정책정보 서비스(now.k2base.re.kr), 이슈분석 제208호 (검색일: 2023년 6월 2일).

이 플랫폼은 경찰청 데이터에 위험 예측・분석이 가능한 공공 데이터를 결합해 범죄 대응 시 과학적이고 합리적인 의사결정을 지원한다. 운영은 경찰청과 과학기술정보통신부, 한국지능정보사회진흥원(NIA)이 맡고 있다. 플랫폼에는 전국112신고 접수 데이터, 범죄 행위 데이터, 우리동네 안심지도, 체감안전도, 범죄 발생 지역・점포별 위치 정보, 각종 범죄 사건별 뉴스 데이터 등 범죄예방과 수사에 활용할 수 있는 다양한 정보가 모여 있다. 2022년 9월 기준 스마트치안 빅데이터 플랫폼에 저장되어 활용이 가능한 치안・범죄 데이터는 총 61건이다.

플랫폼 내 데이터는 주거 침입 및 성폭력 범죄자를 추적할 때, 플랫폼 내의 CCTV 위치 정보 데이터와 침입 범죄사건 위치 정보 데이터, 성폭력 영향 요소 융합 데이터 등을 조합해 범죄 양상을 분석해 범인을 특정하고 추적하는 데 활용될 수 있다.[2)]

1) 정의

스마트 치안은 일반적으로 '공동체와 함께 과학기술을 활용하여 국가 사회의 안녕과 질서를 유지・보전하고자 하는 경찰활동'으로 정의한다. 신종・지능형 범죄 급증 등 급변하는 치안 환경에 발맞춰 인공지능, 빅데이터, 드론, 생명과학 등 다양한 과학기술을 활용, 한정된 경찰력을 선택과 집중에 따라 운영하는 치안활동이다.

일반적인 수사 및 감시 영역 외에도 교통, 생활안전, 사이버안

2) CCTV NEWS(www.cctvnews.co.kr), 2022년 10월 13일 기사.

전 등 범죄행위를 넘어 자연재해, 시민사회에서 필요한 서비스 및 복지 등 대부분의 치안 현장에 광범위하게 적용되고 있다.

표 4-2 스마트 치안 적용 범위 및 분류

분야	범위
공통	공통기반 기술・장비
수사	과학수사, 지능장비
교통	교통안전, 교통사고, 교통운영
생활안전	범죄예방・감시, 생활질서
사이버안전	사이버범죄 예방, 사이버범죄 수사
경비	경호・테러대응, 행사・집회관리, 재해재난 위기관리

출처: 치안 분야 R&D 로드맵 기획연구.

2) 산업동향

연평균 7.2% 성장하여 지속적인 외형 확대와 더불어 높은 성장 가능성이 있는 분야이다. 시장조사기관인 마켓스앤마켓스(MnM)에 따르면 2020년 전 세계 공공안전 및 보안 시장은 3,650억 달러로 연평균 7.2% 성장하여, 2025년에는 5,165억 달러로 성장할 것으로 전망되고 있다.

공공안전 및 보안 시장은 크게 솔루션 시장, 서비스 시장으로 구분할 수 있다.

솔루션 시장은 공공안전 및 보안과 관련된 통합 장치, 소프트웨어 솔루션, 하드웨어 등을 정의하며, 네트워크 구성, 사이버 보안, 재난관리, C2/C4ISR[3] 시스템, 생체인식, 감시 시스템, 스캐닝 시스템, 공공 알람 시스템, 백업・복구 시스템으로 구성된다.

그림 4-2 전 세계 공공안전 및 보안 시장 규모 추이(2020~2025)

(단위: USD Billion)

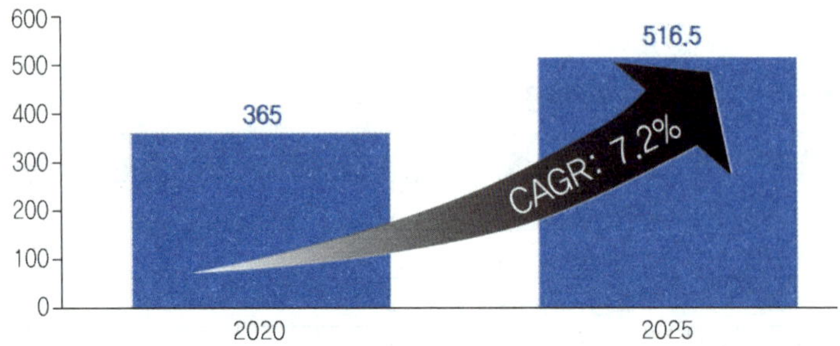

출처: MarketsandMarkets 재구성.

그림 4-3 솔루션 시장 카테고리별 규모

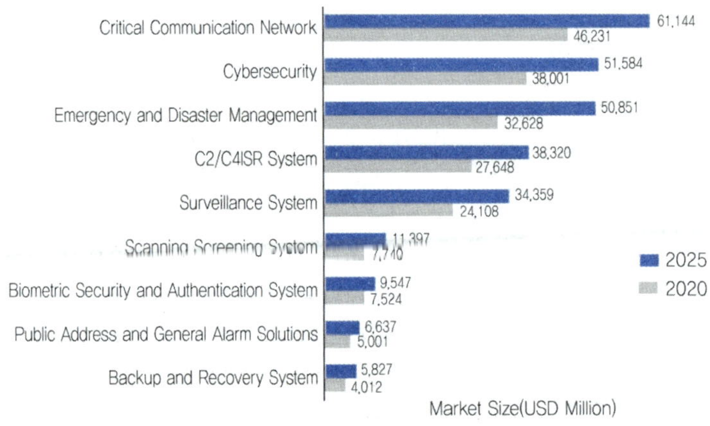

출처: MarketsandMarkets.

3) C2/C4ISR: 지휘, 통제, 모델링, 시뮬레이션 소프트웨어.

서비스 시장은 설계 및 컨설팅, 설치 및 통합, 유지보수, 보안 및 네트워크 관리 서비스 등으로 구성되며, 전문 서비스, 관리형 서비스로 구분된다.

전체 시장에서 차지하는 비중은 솔루션 시장이 52.8%, 서비스 시장이 47.2%이다. 핵심 기술 및 시스템 제조 측면에서 '스마트 치안'에 더 가까운 솔루션 시장은 네트워크 구성, 사이버 보안, 재난 관리 세 가지 카테고리가 60% 이상을 차지하고 있다.

5 마무리

최근 범죄 수사에 데이터, AI 등 기술을 사용하는 사례가 늘고 있다. 또한 로봇, 드론 같은 경우 각 치안 분야에 특화된 기체 개발을 위한 연구도 이뤄지고 있다. 경찰청 데이터와 공공 데이터, 민간 데이터가 결합된 스마트 치안 빅데이터 플랫폼은 향후 범죄 수사에 있어 중요한 역할을 할 것으로 기대된다. 첫째는 통합된 플랫폼을 통해 경찰청과 협조가 필요한 각종 기관과 기업, 민간이 데이터를 공유·활용해 서로 협력할 수 있다는 점이고, 둘째는 수많은 데이터를 활용해 각 지역별 특성을 반영한 지역에 맞는 맞춤형 치안을 제공할 수 있다는 점이다. 이는 지금 시행 중인 자치경찰제에도 더욱 활용도가 높을 것으로 예상된다.

스마트 치안은 수많은 범죄 데이터를 기반으로 로봇 등 첨단 장비를 투입해 인력 피해를 최소화하고 범죄 대응력은 높이는 방향으로 발전하고 있다. 이에 향후 스마트 치안은 우리 사회의 안전을 위한 필수 요건으로 자리잡을 전망이다.

참고문헌

김근택 · 박민순 · 박상욱 · 박상현(2017). 재난치안용 멀티콥터 무인기 운용 개념: 임무 시나리오를 중심으로. 『항공우주산업기술동향』, 15(2).

박한호(2020). 사회적 재난과 범죄현상 분석: 코로나19 바이러스 감염증에 따른 범죄 사례와 현상을 중심으로. 『한국범죄심리연구』, 16(2).

오혜성(2023). 경찰의 재난관리 역할에 관한 연구. 『한국민간경비학회보』, 22(1): 143-160.

이명진 · 최우정 · 이정한(2021). 위기관리 기관으로서의 경찰매뉴얼 개선방안에 대한 제언. 『한국방재학회논문집』, 21(6).

조호대(2014). 경찰재난관리규칙 상 경찰 재난대응활동에 대한 정책적 제언. 『위기관리이론과 실천』, 10(7).

함혜현 · 박주상(2017). 국가재난 관리에 있어 경찰정보의 활용방안에 관한 연구. 『한국치안행정논집』, 14(3).

글로벌 과학기술정책정보 서비스(now.k2base.re.kr), 이슈분석 제208호(검색일: 2023년 6월 2일).

CCTV NEWS(www.cctvnews.co.kr), 2022년 10월 13일 기사.

제 5 장

재난과 사회복지:
재난 발생과 사회복지의 역할

1 재난과 재난복지의 개념

재난은 발생원인이나 사회에 미치는 영향, 규모, 발생장소 등 다양한 기준에 따라 그 유형을 분류할 수 있다. 「재난 및 안전관리 기본법」 제3조 제1항에 의하면 재난이란 '국민의 생명, 신체 및 재산과 국가에 피해를 주거나 줄 수 있는 것'을 의미한다. 동법 제3조 제3항에서 '안전취약계층'을 어린이, 노인, 장애인 등을 재난에 취약한 사람으로 정의내리고 있다. 「재난 및 안전관리 기본법」에서 제시하고 있는 '안전취약계층'은 전통적으로 사회복지 영역에서 사회적 취약계층으로 일컬어지는 대상과 맥락을 같이할 수 있다.

일반적으로 사회적 취약계층은 경제적, 신체적, 신념 및 가치관, 선입견 등의 차이로부터 형성되며, 이러한 차이로 인하여 차별, 박탈, 소외 등 다양한 사회적 배제를 경험하게 되는데, 「재난 및 안전관리 기본법」에서 '안전취약계층'으로 지칭하고 있는 어린이, 노인, 장애인은 재난 발생 시 다음과 같은 어려움을 가지고 있기 때문에, 그들에 대한 세심한 대책이 필요하게 된다. 첫째, 정보의 이해와 의사소통이 어려운 '정보곤란', 둘째, 재해를 모면하기 위한 '위험회피행동곤란', 셋째, 일상 이동공간이 피해 입은 경우에 따른 '이동행동곤란', 넷째, 재해에 의한 일상생활행동이 좁아지는 '생활활동지장', 다섯째, 급격한 생활 환경의 변화에 심리적·정신적으로 대응 불가능한 '적응지장', 여섯째, 생활 환경면에서는 주택·건물 구조 등의 '구조지장', 일곱째, 생활 재건에 있어서 '경제지장'

등의 문제를 지니게 된다(Guidelines for measures of vulnerable people, 2006).

장한나(2016: 2-5)는 이러한 특징과 어려움을 지닌 자를 재난약자로 정의하였고, 이들은 '위험관찰・인지 능력, 정보입수(습득)・전달・발언 능력, 위험회피 행동과 피난행동 능력 등에 제약이 있으며, 신체적・지리적・사회적・문화적・환경적 요인 등에 취약성(핸디캡, 장애)을 지녀 타인의 도운을 필요로 하는 사람'으로 정의하고자 하였다. 즉, 재난약자는 신체적・정신적・언어적・지리적・사회적・문화적・환경적 취약성을 내포하는 사람을 총칭한다. 여기에는 기초생활수급자 및 차상위계층, 고령자, 장애인, 중환자, 유아, 임신부, 국내 거주 외국인, 외국인 관광객, 다문화 가정, 지리적 고립자(도서산간 지역 등) 등이 포함한다.

재난의 발생으로부터 다양한 위험에 봉착한 '안전취약계층'을 위해 재난복지의 개념이 나타나게 되었다. 즉, 재난복지란 재난을 계기로 생활이 곤란한 이재민, 특히 재난 시 요원호자의 생명, 생활, 존엄성을 지키기 위해 욕구(needs)를 미리 정확하게 파악해, 재난으로부터 구호・생활 지원・생활 재건에 대해 효과적인 원조를 조직화하는 공적・사적 원조활동으로 정의내리고 있다(최송식 외, 2015). 더 나아가 재난복지는 재난으로 인해 발생하는 생계뿐 아니라 생활 전반의 곤란에 직면한 사람에게 이들의 생명과 생활 전반 존엄성을 지키기 위해 욕구를 사정하고, 재난으로부터의 구호 및 생활 지원, 회복을 지원하는 공공 및 민간조직의 활동으로 구체화되었다.

재난 및 안전관리 기본법 시행령 제43조의5에서는 재난대응계획을 재난상황관리 지원, 교통대책, 의료 및 방역지원서비스 지원, 재난 현장 환경정비, 자원봉사 지원 및 관리, 사회질서 유지, 재난 지역 수색구조 구급 지원, 재난수습 홍보 등 13개 협업기능으로 구분하여 수립하도록 하고 있다. 재난구호 영역 중 긴급생활안정 지원, 자원봉사활동 지원 및 관리는 재난복지 영역으로 볼 수 있을 것이다.

2 재난 발생 시 사회복지 분야의 역할

도미넬리(Dominelli, 2013)는 재난 발생 시 사회복지 분야의 역할을 다음과 같이 제시하였다. 재난지역의 욕구사정을 통해 재화와 서비스를 연결하고 전달하는 일, 흩어진 가족들을 다시 만날 수 있도록 지원하는 일, 개인과 지역사회가 다시 정상적으로 회복하는 데 있어 위험이 되는 것들을 최소화하도록 지원하는 일, 재난에서 안전하게 보호하는 일, 미래에 발생할 재난을 예방하기 위한 입법활동과 피해자들을 위한 옹호활동, 지역사회 공동체를 구성하고 운영하는 일 등을 중요한 역할로 언급하였다.

특히, 재난 상황에서 사회복지관에 종사하는 사회복지사들은 다양한 역할을 담당하고 있는데, 2014년 세월호 사건, 2016년과 2017년의 경주와 포항 지진 등을 겪으며, 재난 발생 전 단계에서부터 복구 시 다양한 역할을 담당하고 있다. 〈표 5-1〉의 재난 단계별 사회복지사의 역할을 살펴보면, 재난 발생을 기준으로 재난 발생 이전 단계, 재난 발생 이후 대응 단계, 재난 발행 이후 복구 단계로 구분하여 사회복지사의 역할에 대하여 제시하고 있다.

표 5-1 재난 단계별 사회복지사의 역할

구분	사회복지사의 역할
재난 발생 이전 단계	• 재난에 대한 지역주민들 교육과 훈련 • 대피 등에 대한 캠페인 및 재난인식 • 재난 대비한 지역사회 역량 강화
재난 발생 이후 대응	• 인명구호활동 지원 • 재난취약계층: 장애인, 노인, 이주민 등 대피 지원 • 위기 개입 및 심리사회적 지원 제공(생존자 상담 등) • 임시거주지 제공 및 경제적 지원 • 가족해체를 막고 가족결합을 위한 활동 • 지역 내 자원봉사자 모집, 훈련 및 운영 • 자원 조정 및 협력 계획 • 사회적·인적 자본의 활용을 위한 자원 동원 • 사례관리
재난 발생 이후 복구	• 재난피해자들에 대한 옹호 • 지역주민 조직화 • 지역사회 사정 • 지역사회 공동체 복원

출처: 강창현·문순영(2019: 23).

하정미(2018: 12)는 사회복지사의 역할(직접적 서비스 제공자, 체계연결자, 체계유지자, 연구자, 체계개발자)을 바탕으로 재난 시 사회복지사의 역할을 제시하였는데, 사회복지사들은 재난 생존자들이 다시 그들의 삶을 재건하는 것을 돕기 위하여, 그리고 재난의 악영향과 피해를 줄이고 위기에 대응하기 위해서 완화, 예방, 재난대응, 그리고 회복 단계로 구분되어지는 모든 재난의 단계에서 다양한 역할을 감당해야 한다고 제시하고 있다.

첫째, 직접적 서비스 제공자의 역할이다. 길레스피(Gillespie, 2010)와 자쿠르(Zakour, 2010)에 의하면 재난 시 사회복지 실천가는 취약성이론의 핵심을 잘 숙지하여 재난의 영향을 받는 사람들 중에서도, 특히 기존부터 취약성을 가지고 있는 인구집단의 경우 더욱 피해가 클 수 있다는 사실을 유념하여야 한다. 또한 그들에 의하면 레질리언스(resilience)와 민감성을 이해하고 있어야만 대상자들에게 적절한 서비스를 제공할 수 있기 때문에 재난 관련 위기대응, 욕구사정, 강점사정 및 여러 훈련들이 선행되어져야 한다.

뿐만 아니라 자쿠르(Zakour, 2010)는 재난은 그 자체로 예방이 불가능하기 때문에, 인구집단들과 지역사회의 레질리언스를 강화하는 것이 재난이 발생한 이후에 제때 회복할 수 있게 하는 방법이라고 제시하였다. 그러므로 사회복지실천가는 재난 시에 인구집단들과 지역사회의 레질리언스를 강화시키는 방안을 연구하고, 재난 발생 이전에 레질리언스를 충분히 강화시킬 수 있도록 하는 역할을 해야 한다. 또한 재난 시에 개인과 지역사회의 취약성 및 욕구사정을 실시하고, 적절한 서비스를 제공하여 클라이언트의 심리사회적 기능을 적절한 수준으로 유지할 수 있도록 도와야 한다(Gilkey, 2010).

둘째, 체계연결자의 역할이다. 재난 시에 사회복지사는 생존자들에 대한 직접 개입뿐 아니라 재난대응에 영향을 미치는 여러 체계들 간 또한 체계들과 클라이언트와의 연결에 있어서 핵심적인 역할을 수행해야 한다. 특히, 이는 체계이론을 바탕으로 두고 있는 사회복지에서 다룰 수 있는 전문적인 영역이라 할 수 있다. 재난

시에는 대단히 많고 복잡한 체계들이 개입하게 되므로, 이를 적절하게 연결시키는 역할에 대해 사회복지사는 숙지하고 훈련되어져야 한다.

셋째, 체계유지자의 역할이다. 사회복지사는 재난 시에 다양한 전문가들과 함께 구호를 하게 되며, 이때 기존의 사회복지 현장에서 타 전문가들과 협력하는 분야에 있어서 체계유지와 관련한 리더십을 발휘할 수 있다. 이러한 역할로는 팀 구성원, 슈퍼바이저의 역할을 예로 들 수 있다. 재난 시 구호활동은 복잡하고 다양한 전문가들이 팀으로 활동하며, 이를 조직하고 리드하는 부분에 있어서 기존에 사회복지사들은 사례관리 기술 및 그룹 조직화 기술을 보유하고 있으므로, 구호 시에 여러 종사자들 가운데 국외에서는 주로 리더로서 역할을 해왔다. 이와 관련하여 자쿠르(Zakour, 2010)는 사회복지사들은 관계적인 부분의 전문성을 가지고 있기 때문에, 재난대응 직원, 의료 종사자, 정신보건 전문가들, 그리고 지역사회를 기반으로 조직되어 있는 자원봉사자들과 같은 다양한 훈련을 받은 팀들의 잠재적인 리더라고 언급하였다.

넷째, 연구자의 역할이다. 국내에서는 재난과 관련된 사회복지 차원의 연구들이 현재까지는 많이 축적되지 못하였고, 특히 재난 시에 개입하고 난 이후에 연구되는 경우도 현재까지는 근소하다. 재난 분야에서 사회복지사가 개입하는 것이 마땅하다면, 더 적극적으로 클라이언트를 위해 연구하는 것이 필요하다.

다섯째, 체계개발자의 역할이다. 재난은 복합적인 심리사회적, 경제적, 그리고 서비스 전달 문제들을 일으키므로(Elliot, 2010), 사회복지사는 필요한 체계가 있다면 새롭게 개발할 수 있어야 하며,

기존의 복잡하고 비효율적이고 비효과적인 체계들을 클라이언트의 욕구를 충족시키고, 재난의 피해를 축소하기 위해 정리하고 개발해야만 한다.

3 코로나19 이후 재난에 대응하는 사회복지관의 역할

사회복지관은 '지역사회를 기반으로 일정한 시설과 전문인력을 갖추고 지역주민의 참여와 협력을 통하여 지역사회복지 문제를 예방하고 해결하기 위하여 종합적인 복지서비스를 제공하는 시설'로 정의내릴 수 있다. 사회복지관의 역할과 기능은 첫째, 종합적인 서비스 제공의 기능(직접적 서비스)으로서 일반적(발달적) 욕구충족을 위한 서비스 제공, 문제가 있는 개인과 가족에 서비스 제공, 기타 의뢰 및 정보 제공 등이 포함된다. 둘째, 지역사회 문제 해결과 지역사회조직 기능(간접적 서비스)으로서, 지역사회 주민의 연대감 조성, 지역사회 자원 동원, 타 기관과의 연대, 협력, 특정 집단의 이익 대변, 사회 행동 등이 포함된다. 즉, 사회복지관은 '일정한 시설', '전문인력', 그리고 '지역주민의 참여와 협력'을 그 수단으로 한다(유동철 · 홍재봉, 2016: 311-312). 사회복지관은 2012년 8월 개정된 「사회복지사업법 시행령」 제23조에 근거하여 사업 분야를 사례관리 기능, 서비스 제공 기능, 지역조직화 기능으로 구분하여 분야별로 사업을 운영하고 있다(〈표 5-2〉 참고).

표 5-2 사회복지관의 사업(사회복지사업법 시행규칙 [별표 3])

<table>
<tr><th>기능</th><th>사업 분야</th><th>사업 및 내용</th></tr>
<tr><td rowspan="3">사례 관리 기능</td><td>사례 발굴</td><td>지역 내 보호가 필요한 대상자 및 위기 개입대상자를 발굴하여 개입계획 수립</td></tr>
<tr><td>사례 개입</td><td>지역 내 보호가 필요한 대상자 및 위기 개입대상자의 문제와 욕구에 대한 맞춤형 서비스가 제공될 수 있도록 사례 개입</td></tr>
<tr><td>서비스 연계</td><td>사례 개입에 필요한 지역 내 민간 및 공공의 가용 자원과 서비스에 대한 정보 제공 및 연계, 의뢰</td></tr>
<tr><td rowspan="2">서비스 제공 기능</td><td>가족기능 강화</td><td>1. 가족관계 증진사업: 가족원 간의 의사소통을 원활히 하고 각자의 역할을 수행함으로써, 이상적인 가족관계를 유지함과 동시에 가족의 능력을 개발·강화하는 사업
2. 가족기능 보완사업: 사회구조 변화로 부족한 가족기능, 특히 부모의 역할을 보완하기 위하여 주로 아동·청소년을 대상으로 실시되는 사업
3. 가정 문제 해결·치료사업: 문제가 발생한 가족에 대한 진단·치료·사회복귀 지원사업
4. 부양가족 지원사업: 보호대상 가족을 돌보는 가족원의 부양부담을 줄여주고, 관련 정보를 공유하는 등 부양가족 대상 지원사업
5. 다문화가정, 북한이탈주민 등 지역 내 이용자 특성을 반영한 사업</td></tr>
<tr><td>지역사회 보호</td><td>1. 급식서비스: 지역사회에 거주하는 요보호 노인이나 결식아동 등을 위한 식사제공 서비스
2. 보건의료서비스: 노인, 장애인, 저소득층 등 재가복지사업 대상자들을 위한 보건·의료 관련 서비스
3. 경제적 지원: 경제적으로 어려운 지역사회 주민들을 대상으로 생활에 필요한 현금 및 물품 등을 지원하는 사업
4. 일상생활 지원: 독립적인 생활 능력이 떨어지는 요보호 대상자들이 시설이 아닌 지역사회에 거주하기 위해서 필요한 기초적인 일상생활 지원서비스
5. 정서서비스: 지역사회에 거주하는 독거노인이나 소년소녀가장 등 부양가족이 없는 요보호대상자들을 위한 비물질적인 지원서비스
6. 일시보호서비스: 독립적인 생활이 불가능한 노인이나 장애인 또는 일시적인 보호가 필요한 실직자·노숙자 등을 위한 보호서비스</td></tr>
</table>

<table>
<tr><td></td><td></td><td>7. 재가복지봉사서비스: 가정에서 보호를 요하는 장애인, 노인, 소년·소녀가정, 한부모가족 등 가족기능이 취약한 저소득 소외계층과 국가유공자, 지역사회 내에서 재가복지봉사서비스를 원하는 사람에게 다양한 서비스 제공</td></tr>
<tr><td></td><td>교육문화</td><td>1. 아동·청소년 사회교육: 주거 환경이 열악하여 가정에서 학습하기 곤란하거나 경제적 이유 등으로 학원 등 다른 기관의 활용이 어려운 아동·청소년에게 필요한 경우 학습 내용 등에 대하여 지도하거나 각종 기능 교육
2. 성인기능교실: 기능 습득을 목적으로 하는 성인사회교육사업
3. 노인 여가·문화: 노인은 대상으로 제공되는 각종 사회교육 및 취미교실운영사업
4. 문화복지사업: 일반주민을 위한 여가·오락프로그램, 문화 소외집단을 위한 문화프로그램, 그 밖에 각종 지역문화행사사업</td></tr>
<tr><td></td><td>자활 지원 등 기타</td><td>1. 직업기능 훈련: 저소득층의 자립 능력배양과 가계소득에 기여할 수 있는 기능훈련을 실시하여 창업 또는 취업을 지원하는 사업
2. 취업알선: 직업훈련 이수자, 기타 취업희망자들을 대상으로 취업에 관한 정보 제공 및 알선사업
3. 직업 능력개발: 근로의욕 및 동기가 낮은 주민의 취업욕구 증대와 재취업을 위한 심리·사회적인 지원프로그램 실시사업
4. 그 밖의 특화사업</td></tr>
<tr><td rowspan="3">지역 조직화 기능</td><td>복지 네트워크 구축</td><td>지역 내 복지기관·시설들과 네트워크를 구축함으로써 복지서비스 공급의 효율성을 제고하고, 사회복지관이 지역복지의 중심으로서의 역할을 강화하는 사업
- 지역사회연계사업, 지역욕구조사, 실습지도</td></tr>
<tr><td>주민 조직화</td><td>주민이 지역사회 문제에 스스로 참여하고 공동체 의식을 갖도록 주민 조직의 육성을 지원하고, 이러한 주민협력 강화에 필요한 주민의식을 높이기 위한 교육을 실시하는 사업
- 주민복지증진사업, 주민조직화 사업, 주민교육</td></tr>
<tr><td>자원 개발 및 관리</td><td>지역주민의 다양한 욕구 충족 및 문제 해결을 위해 필요한 인력, 재원 등을 발굴하여 연계 및 지원하는 사업
- 자원봉사자 개발·관리, 후원자 개발·관리</td></tr>
</table>

사회복지관은 1990년 88개에서 1991년 160개로 1년 사이에 약 두 배 증가하였으며, 1993년 250개, 2020년 기준 475개소가 설치되어 사회복지관 설치 현황이 크게 증가한 것으로 나타나고 있다(보건복지통계연보, 2020). 즉, 지역사회 차원에서 사회복지관은 주민들에게 물리적 접근성을 기반으로 다양한 서비스를 제공할 수 있는 물적·인적 자원을 보유하고 있는 기관이라고 할 수 있다.

특히, 코로나19 발생 이후 사회복지관은 보건복지부의 신종코로나바이러스 감염증 유행대비 사회복지관 대응지침에 따라 운영되었고, 일부 사회복지관의 경우 종사자의 코로나19 확진으로 인한 임시 휴관 실시, 재택근무 시행, 정부와 지방자치단체의 방역지침이 상이하여 복지관의 혼란이 야기되는 등 이전에 경험해 보지 못한 초유의 사회재난 상황을 경험하였다. 그러나 이러한 위기 상황 속에서도 사회복지관 종사자들은 긴급구호키트 지원, 도시락 배달 등의 안전한 대면활동과 온라인을 통한 의사소통 등 다양한 방법을 활용한 비대면서비스를 제공하는 등 비상근무체제 운영을 통해 코로나19의 확산을 막고 복지서비스가 중단되지 않도록 하고 있다.

한국사회복지관협회(2021)에서 발간한 2020년 사회복지관 코로나19 대응사업 현황 내용을 확인해보면 〈표 5-3〉과 같다.

표 5-3 사회복지관 사업 구분별 운영 현황

(단위: 개, %)

구분	사업 수	비율
1. 사례관리(사례 발굴, 개입, 연계)	466	3.56
2. 가족기능 강화사업(가족관계 증진, 가족기능 보완, 가정 문제 해결, 치료사업, 부양가족 지원사업 등)	922	12.97
3. 급식서비스(경로식당, 도시락지원 등)	526	7.40
4. 보건의료서비스	107	1.51
5. 경제적 지원	543	7.64
6. 일생생활 지원	368	5.18
7. 정서 지원서비스	740	10.41
8. 일시보호서비스	11	0.15
9. 재가복지봉사서비스	45	0.63
10. 교육문화	876	12.32
11. 자활 지원(직업기능 훈련 등)	76	1.07
12. 복지네트워크 구축(지역사회연계사업, 지역욕구조사, 실습지도 등)	328	4.61
13. 주민조직화(주민복지증진사업, 주민조직화 사업, 주민교육 등)	1,254	17.64
14. 자원 개발 및 관리(자원봉사자 개발 및 관리, 후원자 개발 및 관리)	434	6.11
15. 기타	412	5.80
합계	7,108	100.00

출처: 한국사회복지관협회(2021).

〈표 5-3〉을 통해 코로나19가 시작된 2020년 기준으로 사회복지기관들은 주민들을 위해 주민조직화사업을 비롯한 다수의 사업을 진행하고 있음을 확인할 수 있다. 특히, 사회복지관들은 기타 사업으로 드라이브 및 워킹스루 장난감 대여사업, 이동사회복지관, 코로나19 응원 릴레이 영상제작, 사회복지사 글쓰기 교육, 포스트

코로나, 일상을 가꾸는 희망디자이너, 코로나19 위기극복사업, 의료인 방호복 지원, 코로나19 비상대응(지역사회방역활동), 지역경제 활성화를 위한 착한 소비, 희망상자 지원사업, 코로나19 확산 방지 항균 문고리 지원사업 등 다양한 사업을 진행한 것으로 확인되고 있다.

4 코로나19 발생에 대응하는 부산시 사회복지관 복지서비스 현황

코로나19 발생 이후 부산사회복지관협회에서는 사회복지실천 현장에서 경험한 재난 취약성을 통해 재난에 대응하는 사회복지관의 역할은 무엇인가에 대한 질문을 통해 재난에 대비하는 사회복지관의 역할을 찾고자 하였다. 이를 위해 부산시 소재 53개 사회복지관 이용자를 대상으로 코로나19 시기 동안 제공된 긴급서비스 만족도, 코로나19로 인한 어려움과 실태, 긴급서비스 욕구, 재난과 관련한 서비스 욕구 등을 파악하고자 사회복지관별로 40부씩 설문조사를 실시하였다. 또한 부산시·군·구에서 사회복지를 담당하고 있는 공무원과 사회복지관에 근무하고 있는 사회복지사를 대상으로 초점집단면접(FGI)를 실시하여 코로나19 이후 사회복지관의 역할을 제고하고, 재난복지 서비스 제공을 위한 복지관 기능 강화를 위한 전문가 의견수렴을 실시하였다(부산사회복지관협회, 2020).

1) 사회복지시설의 재난관리체계

보건복지부는 전국 사회복지시설의 안전관리에 대한 총괄 지도감독의 역할을 수행하며, 시설의 각종 안전사고 발생에 대비하여 지도 · 점검 등의 예방 조치를 실시한다. 사고 발생 시에는 조사반을 파견하고 지원 대책반을 구성하는데, 대규모 재난 발생 시에는 중앙사고수습본부를 설치하여 컨트롤타워의 역할을 수행한다.

시 · 도와 시 · 군 · 구는 안전관리에 대한 종합 계획을 수립하고, 정기 및 비정기적으로 지도점검을 실시하여 문제 시설에 대하

표 5-4 사회복지시설의 재난 · 안전 관련 주체별 주요 임무

주체	주요 임무
보건복지부	• 전국 사회복지시설 안전관리에 대한 총괄 지도감독 • 시설안전사고 지도 · 점검 등 예방조치 • 시설안전사고 발생 시 조사반 파견 및 지원 대책반 구성운영 • 대규모 재난사고 발생 시 중앙사고수습본부 설치운영(필요시)
시 · 도 및 시 · 군 · 구	• 관내 시설의 안전관리에 대한 종합계획 수립 및 총괄 지도감독 • 관내 시설의 안전관리에 대한 정기 · 수시 지도점검, 문제 시설 조치 • 안전사고 관련 예산 확보 등 재정적 지원 · 시설안전관리 교육 실시 및 비상연락망 구축 • 사고 발생 시 시 · 도, 시 · 군 · 구 사고수습본부 설치운영(필요시) • 사고수습 이후 사고 발생 요인 분석 및 재발방지대책 수립
사회복지시설	• 시설자체 안전관리 계획 수립 • 시설자체 안전점검 실시 및 실시결과 보고 • 비상대비 모의훈련 실시, 비상연락망 구축 • 시설자체 응급조치 및 사후복구체계 구축

출처: 보건복지부(2020).

여는 조치를 취한다. 각종 사고를 대비하여 재난안전기금을 조성하여 재정적 지원을 함과 동시에 재난 및 안전관리 분야 종사자를 대상으로 시설안전관리 교육을 실시한다.

사고 발생 시에는 지방자치단체 내 사고수습본부를 설치하여 재난 및 안전관리 유관기관, 민간 등과의 협력체계를 활용한 사고수습을 한다. 사회복지시설의 경우 시설 전체 안전관리계획을 수립하고, 안전점검과 모의훈련을 실시하여 비상연락망과 응급조치, 사후복구체계를 구축한다.

2) 사회복지시설의 코로나19 대응 현황

코로나19 발생 이후「코로나19 유행대비 집단시설·다중이용시설 대응지침(2020.2.3)」,「코로나19 유행대비 사회복지시설 대응지침(2020.2.4)」,「사회복지서비스유지를 위한 공통 대응지침(2020.2.21)」등 감염병의 시설 확산 방지 및 사회서비스 제공 제한 상황에 대응하기 위한 중앙정부의 지침들이 사회복지시설로 배포되었다. 또한「코로나19 대응 종합사회복지관 운영매뉴얼(2020. 6.10)」을 부산사회복지관협회에서 제작 배포하였다.

「코로나바이러스감염증-19」유행대비 사회복지시설 대응지침 목적 및 기본방향은 〈표 5-5〉와 같다.

표 5-5 「코로나바이러스감염증-19」 유행대비 사회복지시설 대응지침

<table>
<tr><th>구분
(배포시기)</th><th>목적</th><th>기본방향</th></tr>
<tr><td>대응지침 1판
(2020.2)</td><td rowspan="2">• 사회복지시설에 대해 코로나19 예방 및 관린 대응 절차와 조치사항을 마련하여 피해를 최소화
• 시설 내 코로나19 예방 및 관리를 위한 사회복지시설의 대표자 또는 관리(이하 '관리자')의 역할 등을 제시</td><td rowspan="4">• 코로나19 관련 체계 구성 및 유관기관 협조체계 구성
• 코로나19 감염 예방을 위해 시설이용자, 시설종사자, 기타 방문객을 위한 위생관리 철저 및 관련 인프라 지원
• 시설 내에서 코로나19 환자(의심환자 포함) 발생 시 즉시 관할 보건소에 신고하고, 추가 환자 발생을 차단하기 위해 필요한 조치를 시행</td></tr>
<tr><td>대응지침 2판
(2020.2.21)</td></tr>
<tr><td>대응지침 3판
(2020.2.26)</td><td rowspan="2">• 지역사회 전파가 확인되는 상황으로 위기 단계 상향
(2.24 경계 → 심각)
• 시설 내 코로나19 예방 및 관리를 위한 사회복지시설의 대표자 또는 관리(이하 '관리자')의 역할 등을 제시</td></tr>
<tr><td>대응지침 4판
(2020.3.13)</td></tr>
<tr><td>대응지침 5판
(2020.5.8)</td><td>• 지역감염 차단을 위해 '사회적 거리두기'를 지속 시행, 감영 차단과 경제활동을 병행하고자 거리두기 단계를 '생활속거리두기'로 전환(5.6)
• 사회복지시설에 대해 코로나19 예방 및 관리 대응 절차와 조치사항을 마련하여 피해를 최소화</td><td>• 코로나19 관련 체계 구성 및 유관기관 협조체계 구성
• 시설이용자, 시설종사자 및 방문객 등의 코로나19 감염 예방, 조기 인지 및 전파 방지 조치 실시
• 시설 내에서 코로나19 환자(의심환자 포함) 발생 시 즉시 관할 보건소에 신고하고, 추가 환자 발생을 차단하기 위해 필요한 조치를 시행</td></tr>
</table>

출처: 보건복지부(2020).

사회복지관은 코로나19 유행에 대비하여 「집단시설 · 다중이용시설 대응지침」 및 「사회복지시설 대응지침」에 준하여 코로나19의 확산방지를 위한 재난관리로 시설 자체 안전관리 계획 수립, 시설자체 안전점검(방역) 실시 및 실시결과 보고, 비상대비 모의훈련, 비상연락망 구축, 시설자체 응급조치 및 사후복구체계 구축 등의 재난관리 임무와 각 기관별 대응지침을 수립하였다.

3) 코로나19로 인한 비대면서비스 강화 및 서비스 다각화 추진

사회복지관의 대면서비스 중단조치(2020.2.24) 이후 각종 긴급돌봄서비스를 제외한 복지관 서비스가 전면 중단되었으며, 부산시사회복지관협회는 코로나19 장기화에 따라 종합사회복지관 운영매뉴얼(2020.6.10)을 제작하여 배포하였다. 이 시기 부산시 53개 사회복지관에서는 3대 기능사업(사례관리 기능, 서비스 제공 기능, 지역조직화 기능)을 중심으로 다음과 같은 비대면서비스가 중점적으로 제공되었다.

(1) 사례관리 기능

사례관리 기능에서 제공된 서비스는 다음과 같다. 초기 면접, 유선상담, 긴급상담, 코로나19 관련 비대면 서면교육, 서비스 접수, 서비스 연계 지원, 안부 확인, 코로나19 피해대상 긴급상담실 운영, 온라인 정보 제공(재난기본소득 등), 민관협력 사례관리 서비스 지원, 희망백신프로젝트, 위기세대 발굴 및 개입, 준 사례관리자

양성, 지역주민 전수조사, 실무자 사례회의, 안심상담실 운영, 케어안내창구 운영, 온라인매체 및 유선을 통한 상담, 타 기관 및 본인 유선상담 요청, 내부 사례회의 및 외부 통합사례회의, 진로상담 연계, 긴급 지원 안내통신문 발송, 복지관대상자 코로나19 이후 생활 현황 실태조사, 협력기관과의 서면회의, 감염 예방교육 등이다.

(2) 서비스 제공 기능

서비스 제공 기능에서 제공된 서비스는 다음과 같다. 안부 확인 및 서비스 중간 안내, 노인일자리 비대면사업 교육, 특수목적 한국어교육사업, 비대면 한글수업, 장난감도서관 사전전화예약 대여·반납, 케어안내창구 운영, 프로그램 온라인 오리엔테이션 및 캠페인, 어르신블로그기자단 온라인활동, 온라인 심리척도검사, 비대면 치료수업, 개인위생수칙 관련 안내문자 발송, 다문화 주부 천 마스크 제작 및 나눔활동, 건강관리자료 우편 발송, 댄스교실 이용자 댄스동영상 제공, 골목 빨래방, 골목 냉장고, 급식서비스(경로식당, 식사배달, 밑반찬배달), 온라인 수업을 통한 1:1 미술활동, 사회교육 프로그램 각 과목별 온라인 시청각 자료 및 학습지 제공, 비대면 도서대여 서비스, 성인 장애인프로그램 놀이교구 지원을 통한 일상여가 지원, 온라인 놀이 챌린지, 독거노인우울경감프로그램, 재가복지서비스 이용자 초기 면접상담 시 긴급상담, 독거세대 안부 확인 서비스, 비대면 치료서비스, 육아용품 대여(드라이브 스루, 배달 서비스), 건강관리자료 배부, 신규서비스대상 유선 초기 상담, 사별어르신 정서 지원프로그램, 독거중장년남성 정서 지원프로그램, 한글교실 개별 가정방문 과제 부여 학습 지원, 아동발달 지원 센터 이용 아동 보호자 전화상담, 지역보호대상자 상담 시 서비스 연계, 온라인 학습 멘토링, 온라인 강사간담회, 지역주민 대상 정부 지원제도 관련 정보 공유 등이다.

(3) 지역조직화 기능

지역조직화 기능에서 제공된 서비스는 다음과 같다. 코로나19 예방수칙 및 대응 방법 등 안내서비스(문자, 홈페이지, SNS 등), 지역주민대상 코로나19 안부 확인 및 상담, 후원자 코로나19 안부 및 응원카드 발송, 코로나19 극복 플랜카드 게시 및 응원 메시지 전달, 청소년탐사프로그램 참여자 개별상담, 자원봉사자 온라인 보수교육, 기업 사회공헌활동 홍보, 가족봉사단 비대면 말벗서비스, 코로나블루 예방 홈 가드닝 제공, 노인복지용구 배달서비스, 안심도서대출 서비스, 복지관 사업 및 감염병 예방수칙 등 홍보, 온라인 화상회의, 종이 카네이션 만들기 챌린지, 코로나19 극복 캠페인 배지 달기, 온라인 이벤트 및 캠페인 활동, 수제마스크 제작, 후원자 감사 기프티콘 발송, 주택용 소방시설 홍보, 고독사 예방 지원 사업 수혜자 안부 확인 및 모니터링, 방역수칙 준수하여 1:1 초기 상담 및 신규전입세대 방문, 비대면 프로그램 홍보, SNS를 통한 코로나예방 안전수칙, 안부, 격려 메시지 전달, 가정의 날 정서 지원서비스 및 건강 지원을 위한 영양 죽 나눔, 온라인 모금활동, 카카오톡 채널을 통한 복지관 후원 소식 공유, 온라인 나눔 장터, 주민공동체회원 유선상담, 안부영상 촬영활동, 민관협력 사례관리 모임, 트로트 건강 체조 영상 제작 및 업로드, 비대면 어버이날 행사, 학교폭력 및 사이버폭력예방 온라인 상담, 자원봉사자 온라인 기초 및 소양교육, EM 활성액 나눔활동, 청년희망챌린지 모니터링 및 비대면 상담, 지역주민 온라인 소통창구 마련, 아동 방역 및 교통안전 마을 만들기 활동을 위한 온라인 소통, 온라인회의진행, 나눔캠페인 활영 및 방영, 비대면 지역욕구조사, 홍보매체 다각화를 위한 인스타그램 개설 및 운영, 비대면 자원봉사활동, 청소년경제교실 온라인 오리엔테이션 및 교육, 취약계층 주민 우울증 해소 및 지역경제 활성화 사업, 조직화 사업 회원들의 안부 확인을 위한 모니터링, 사례관리대상자 발굴을 위한 전화상담 실시, 코로나19 예방에 대한 공유사항 전달 등이다.

코로나19 확산을 방지하기 위해 사회복지 현장에서는 비대면 서비스의 개발 및 서비스의 다각화 등 다양한 노력을 하였고, 이러한 과정에서 여러 가지 어려움이 있는 것으로 나타났다. 특히, 시설 소독업무 과정, 자원봉사인력 단절로 인한 복지서비스 제공업무 과정, 코로나19 의심 직원의 업무 배제에 따른 인력 부족 문제, 재택근무의 한계, 후원자 모집 및 후원 중단으로 인한 재원 확보 어려움을 경험한 것으로 나타났다.

5 재난 발생에 따른 사회복지기관의 역할

부산시·군·구에서 사회복지를 담당하고 있는 공무원과 사회복지관에 근무하고 있는 사회복지사를 대상으로 초점집단면접(FGI)을 실시한 결과, 재난에 대응하기 위한 사회복지관의 기능 강화 방안을 다음과 같이 제시하고 있다.

첫째, 재난복지의 핵심 주체로서 사회복지관의 지역사회 회복력 기능 강화이다. 지역복지의 거점기관인 지역사회복지관이 재난 이후의 개입뿐만 아니라 재난대비 차원의 개입으로서 신회, 참여, 네트워크 등의 사회적 자본 강화를 중심으로 지역의 자생력과 공동체성을 높여 커뮤니티 회복력을 높임으로써 재난에 대응하는 전략을 모색하는 것이 필요하다.

둘째, 재난 상황에서의 재난복지 민관협력 시스템 구축 강화이다. 코로나19 상황을 통해 민간조직과 공공조직의 재난 시 협력 시스템의 부재를 경험하게 되었다. 공공조직은 재난지원금 지급 및 방역 등에 행정력이 전적으로 투입되었고, 민간조직은 자원봉사자와 후원자의 부재로 재가세대 직접 서비스 지원에 직원들이 투입되었다. 이로 인해 재난 상황에서의 복지사각지대는 더욱 커졌고 복지의 효율성은 저하되었다. 그러므로 공공, 민간, 지역주민 간의 역할을 네트워킹하는 지역 단위의 민관협력 시스템을 마련하여 자발적인 생활방역과 재난극복체계를 구축할 필요가 있다.

셋째, 재난 상황에서의 사회복지관의 재가복지 지원 강화 및 예산 지원 확대가 필요하다. 주민들은 재난 상황 속 여러 가지 어려움을 경험하나 복지관에서 우선적으로 지원해야 하는 서비스와 사업은 급식서비스, 물품 지원, 경제적 지원 등 식생활 혹은 생계와 밀접하게 관련된 부분임이 확인되었다. 즉, 사회복지관은 1차적으로 경제적 지원, 급식서비스, 보건의료서비스에 대한 대비가 필요하며, 이는 재난 발생 시 지역사회 자원에 대한 네트워크 구축을 통해 재가서비스에 대한 우선 지원의 역할이 필요하다.

넷째, 마을의 거점을 활용한 찾아가는 서비스의 기능 강화가 필요하다. 기존의 사회복지관은 복지관이라는 물리적 건물 내에서 서비스를 제공하고 주민들이 이용하는 공간으로 인식되었다. 하지만 코로나19 이후 복지관은 비대면서비스를 중심으로 한 휴관상태에 놓여지게 되고, 재개관 이후에도 대규모 인원이 밀집하여 운영되는 집단프로그램은 지양하게 되었다. 이에 향후 복지관은 서비스를 이용하는 주민들이 스스로 찾아오는 공간이기도 하지만, 직원들이 지역 내 곳곳으로 찾아가서 주민들을 만나고 지역 내 공간을 찾아 소규모 인원으로 주민들을 만나는 프로그램이 활성화되어야 할 것이다.

다섯째, 지역사회 관계망 확장을 통한 지역복지 실천 강화가 필요하다. 사회복지관이 가지는 가장 큰 강점을 바로 지역성에 있다고 할 수 있는데, 재난과 관련해서도 주민이 지역사회 안에서 일상생활을 회복하고 유지할 수 있도록 도와야 하고, 그 역할을 이웃과 개인이 연결된 관계망이 함께할 수 있도록 지원해야 할 것이다.

여섯째, 비대면사업을 위한 다양한 매체 개발이 필요하다. 코로나19 이후 복지관들은 주민들과 소통하기 위해서 온라인 매체뿐만 아니라 온라인 매체에 접근성이 떨어지는 주민들과의 소통이 용이한 다른 방식으로 소통하는 방식을 고민해야 한다. 또한 접근성을 높일 수 있는 교육을 실시하는 것도 필요하다.

일곱째, 재난예방과 훈련, 교육사업 등 재난복지의 도입이 필요하다. 현재 중점적으로 진행되고 있는 감염병 예방 차원의 복지관 역할에서 나아가 재난 취약지역과 재난 취약대상을 위한 재난예방사업, 즉 지역사회 재난대응체계 구축과 지역사회 공동체 강화사업을 추진할 필요성이 있다. 재난은 우리에게 막대한 인적·물적·심리적 피해를 가져오게 하였고, 이를 예방하고 발생 이후에는 그 피해를 최소화하기 위한 노력이 요구된다. 따라서 사회복지관은 다양한 영역별 재난 및 사고 대응과 예방을 위한 교육, 훈련사업을 추진해야 할 것이다.

참고문헌

강창현 · 문순영(2019). 사회복지 재난교육을 위한 탐색적 연구. 『미래사회복지연구』, 10(1).

보건복지부(2020a). 『2020년 사회복지시설 관리안내』.

보건복지부(2020b). 『보건복지통계연보』.

부산사회복지관협회(2020). 『코로나19 이후 재난에 대응하는 사회복지관의 기능 강화 방안』.

유동철 · 홍재봉(2016). 『실천가를 위한 지역사회복지론』. 양서원.

장한나(2016). 재난약자의 안전서비스 체계 구축을 위한 연구. 『국정관리연구』, 11(2).

최송식 · 류기형 · 신복기 · 김민경 · 이진열 · 케네가에카즈마 · 배기이(공역)(2015). 『재난복지란 무엇인가: 생활지원체제의 구축을 향해서』. 박영사.

하정미(2018). 폭풍 속을 걸어가는 새끼오리: 세월호 재난 개입 경험을 중심으로 한 재난과 사회복지사의 역할 및 정체성에 대한 자문화기술지. 『한국사회복지학회 학술대회 자료집』, 2018(4).

한국사회복지관협회(2021). 『2020년 사회복지관 코로나19 대응사업』.

Dominelli, L.(2013). Environmental Justice at the Heart of Social Work Practice: Greening the Profession. *International Social Work*, 58(5): 659-672.

Elliot, D.(2010). A Social Development Model for Infusing Dister Planning Management and Response in the social Work Curriculum. In *Disaster Concepts and Issues*, 89-100. Edited by Gillespie, D. F., & Danso, K., Alexandria: CSWE press.

Gilkey, S.(2010). Vulnerability and Disaster: Risk and Disaster: Risk and Resilience in Context of Developmental Competencies in Children and Teens. In *Disaster Concepts and Issues*, Edited by Gillespie, D. F., & Danso, K., Alexandria: CSWE press.

Gillespie, D. F.(2010). Vulnerability: The central concept of disaster curriculum. In *Disaster Concepts and Issues*, 3-14. Edited by Gillespie, D. F., & Danso, K., Alexandria: CSWE press.

Guidelines for measures of vulnerable people(2006). Japanese Red Cross Society, 2. retrieved from http://www.jrc.or.jp/vcms_lf/saigaikyugo-3.pd

Zakour, M. J.(2010). Vulnerability and Risk Assessment: Building community resilience. In *Disaster Concepts and Issues*, 15-33. Edited by Gillespie, D. F., & Danso, K., Alexandria: CSWE press.

제 6 장

재난관리의 주요 사례:
재난과 중국 사회

1 전근대 중국에서의 재해와 재난

1) 중국 역사 기록 속의 재난과 고대 중국인의 재이관(災異觀)

'재난(災難)'이라는 말의 한자 뜻을 살펴보면 자연재해(災)가 일어나서 생기는 어려움(難), 즉 자연 현상이 인간에게 피해를 줌으로써 인간이 감당하기 어렵게 된 상황을 말한다.[1] 따라서 전근대 시기의 재난은 일반적으로 자연재해, 즉 천재(天災)로 인한 인간의 피해를 의미하였는데, 중국은 근대 이전에 그 시기적 장구함과 공간적 광활함으로 인해 빈도와 규모 면에서 다른 지역과 비교해 볼 때 결코 적지 않은 자연재해와 재난을 겪어 왔다.

비록 오늘날의 중국은 마지막 왕조였던 청대(淸代)에 차지하고 설정한 영토를 주요 기반으로 하여 형성된 정치적·지리적 공간이므로, 현재 중국의 모든 지역을 중국 역사상의 재난연구에서 분석의 대상으로 삼은 공간과 일치시킬 수는 없다. 하지만, 전체 중국 민족의 92% 이상을 차지하는 한족의 주된 생활공간으로서 고대부터 '중국'이라고 하는 정치 및 역사 공동체의 정체성을 대표하는 지역을 중심으로 살펴본다면 연구를 통해 데이터 처리된 수재(홍수)·한재(가뭄)·황재(蝗災; 황충으로 인한 피해)·지진·전염병·전쟁·반란(내란) 등 자연적 또는 인위적 재해·재난의 종류와 수,

1) 김성철 편, 『재난과 평화: 폐허를 딛고 평화를 묻다』, 서울대학교 통일평화연구원, 아카넷, 2015, p.13.

그리고 그 피해는 사람들의 상상을 초월한다.[2] 근대 이전의 중국은 주로 자연재해로 인한 재난이 대부분이었는데, 수재 · 한재 · 지진 · 황재 · 전염병 등이 여기에 포함되었다. 이에 비해 근대 이후의 중국은 이러한 자연재해와 더불어 전쟁 · 내란 · 잘못된 정책으로 인한 자연파괴 등과 같은 인위적 요인에 의한 재해가 합쳐지면서 더욱 극심한 재난을 야기하였다.[3]

고대로부터 중국인들은 자연재해를 정치적 구조나 정책의 옳고 그름을 가리는 중요한 잣대로 생각하였고, 또한 공동체의 존망과 연결되는 심각한 자연적 또는 초자연적 현상으로 받아들였다. 일찍이 기원전 17세기에 성립된 상(商) 왕조의 갑골문에도 재해의 기록이 보이며, 기원전 11세기 무렵 성립된 주(周) 왕조 시기에 지어진 『시경(詩經)』에는 하천이 범람하고 산이 무너지며 땅이 꺼지거나 융기하는 내용의 구절이 나오거나,[4] 비로 인해 농업에 큰 피해를 보는 내용이 나온다. 이는 대표적으로 지진과 수재로 인해 피해를 보게 된 삶을 노래로 승화시킨 것이라 할 수 있다. 공자가 지은 노나라 역사 기록인 『춘추(春秋)』에도 다양한 자연 현상이 기록되어 있고, 전국 시기와 한대에 걸쳐 완성된 『춘추』의 세 해설서, 즉 『춘추공양전』, 『춘추좌씨전』, 『춘추곡량전』에도 상당한 횟수의

---

2) 청 왕조 시기였던 19세기 후반에 이미 1천만 명 이상의 사망자를 기록한 대기근이 발생하였으며, 중화인민공화국 건립 이후에는 대약진운동의 결과 극심한 가뭄과 이로 인한 식량난으로 1958년부터 1961년까지 약 1,500만 명에서 4,000만 명의 아사자가 나온 것으로 추정하고 있다. 대약진운동의 결과는 인재(人災)와 천재(天災)가 합쳐져 발생한 대표적인 대재난이었다.

3) 이석현, 「중국의 재해, 재난 연구와 '재난인문학'」, 『인문학연구』, 제59집, 2020.2, p.91.

4) 『시경(詩經)』, 「소아(小雅)」, '시월지교(十月之交)'.

자연 현상이 기록되어 있는데, 유형별로 분류해 보면 수재, 한재, 화재, 충재(蟲災; 병충해) 및 이에 따른 기근 등이 서술되어 있음을 볼 수 있다.[5] 또한 한(漢) 왕조에 대한 역사적 기록인 『한서(漢書)』의 「오행지(五行志)」에는 재해 현상이 집중적, 체계적으로 서술되어 있을 뿐만 아니라 재해 이외에도 초자연적인 현상까지 수록되어 있다.

중국 각 왕조에 대한 공식적인 역사서인 25개 정사(正史)에는 오행지가 필수적으로 기록되었는데, 재해를 하늘이 보내는 계시나 상징으로 받아들여 서술하였다.[6] 또한 『태평어람(太平御覽)』 등 여러 종류의 책과 『통지(通志)』, 『통고(通考)』 등 문헌의 「구정부(咎征部)」, 「재상략(災祥略)」, 「물이고(物異考)」에서는 물, 가뭄, 바람, 불, 지진 등의 재해를 분류, 기술하였다. 이와 더불어 북송 이후 명청 시기까지 기록된 다양한 지방지(地方志)[7]에는 다양한 재해와 재이(災異) 상황을 기록하고 있고, 명청 시기의 중앙 및 지방의 국가 기록과 청말에 출간된 신문 등은 당시 중국의 재해와 구황 상황에 대해 상세히 보여주고 있다.[8]

고대 중국인들은 군주의 정치 행위와 재해의 발생에 대한 상관성을 인식하고 있었다. 이러한 정치와 재해 발생과의 상관관계를 체계적으로 정리한 인물이 한대(漢代)의 동중서이다. 동중서는

---

5) 김종석, 「고대 중국의 재난관 형성과 변하 연구: 재이를 넘어 재난으로」, 『동양철학연구』, 제107집, 2021.8, p.227.

6) 이석현, 앞의 논문, pp.92-93.

7) 전근대 시기 지방 행정의 기록으로 성, 부, 현 등의 지역 단위별로 행정, 지리, 경제, 사회 등의 분야에 대해 상세히 소개하고 실정을 기록한 책.

8) 이석현, 「중국의 재해 연구와 데이터베이스, 지도」, 『인문논총』, 제56집, 2021.10, p.143.

하늘과 사람은 같은 것[동류(同類)]이고, 천자(天子)는 하늘과 사람을 매개한다고 하는 '천인감응론(天人感應論)'을 주장하였으며, 이러한 천인감응에 입각하여 모든 자연 현상과 사회 현상이 밀접하게 연결되어 있고, 자연에서 일어나는 기이한 현상의 배경에는 하늘과 사람의 행위가 긴밀하게 결합되어 있다고 여겼다.[9] 천인감응론적 재이관(災異觀)을 계승한 반고는 『한서』의 「오행지」 편찬을 통해 수많은 역사 사건과 천재지변을 연결시키려 하였고, 자연 현상만이 아니라 기이한 초자연적 현상도 오행지 편찬에 포함시켰다. 한편 이러한 천인감응론적 재이관에 대한 비판은 당(唐) 왕조 시기부터 시작되었다.

당대 『사통』을 지은 유지기는 『한서』, 「오행지」가 결부시키는 재해와 정치적 사건의 상관관계에 오류가 많다고 비판하였던 것이다. 송대(宋代)에 들어서는 『신당서』를 편찬한 구양수도 천인감응론적 재이관에 대해 비판하며, 재난와 인간 행위 간의 관계를 배제하려 하였다.

송대에는 일식과 월식 등이 자연 현상을 과학적으로 인식하게 되면서 신비주의적 재이관에 부정적 인식이 나타났다. 즉, 천문 현상을 과학적으로 인식하며 자연재해 또한 하늘의 뜻이 아니라 일상적인 자연 현상으로 파악하려 하였던 것이다.[10] 하지만, 황제가 하늘을 대신하여 인간세계를 다스린다는 전통적인 천자관은 명청대에 이르기까지 왕조국가의 전형적인 세계관으로서 이어져왔고,

---

9) 이석현, 「중국 재이관의 성립과 변용」, 『인문사회과학연구』, 제22권 제4호, 2021.11, pp.254-255.
10) 이석현, 위의 논문, p.273.

이는 재해에 대한 대응으로서 행해진 국가 차원의 제사행위를 통해서도 살펴볼 수 있다. 즉, 전근대 시기 통치자의 덕과 부덕, 더 나아가 인간행위의 옳고 그름은 자연재해의 발생과 방지에 영향을 미친다는 믿음이 있었다. 물론 이는 자연재해 발생의 원인을 과학적으로 파악하지 못하고, 자연재해를 객관적으로 바라보지 못한 한계점을 보여주고는 있으나 자연재해와 같은 천재와 더불어 전쟁과 같은 인재에 이르기까지 모두 우발적으로 발생하는 것이 아니라 인간행위가 그 원인이 되었다는 재난관을 역설적으로 보여준다. 인간행위라는 원인이 있었으므로 그 결과로서의 재난을 수용할 수 밖에 없었던 고대의 재난 문화는 오늘날의 재난에 대한 인식에도 시사점을 던져 준다고 할 수 있다. 오늘날의 기후 재난이야말로 인간의 행위가 자연 현상에 영향을 주어 발생한 대표적 재난이기 때문이다.

2) 근대 이전 중국의 기후변동과 자연재해

중국 기후・환경사의 최신 연구 결과[11]에 따르면 지난 2천년간 중국의 기후는 네 차례의 온난기와 세 차례의 한랭기로 구분된다.

제1차 온난기는 B.C.210년~A.D.180년으로 진~후한 말, 제1차 한랭기는 A.D.181년~A.D.540년으로 후한 말~남북조 말, 제2차 온난기는 A.D.541년~A.D.810년으로 남북조 말~당 후기, 제2차 한랭

11) 갈전승(葛全勝), 『중국역조기후변화(中國歷朝氣候變化)』, 과학출판사, 2011.

기는 A.D.810년~A.D.930년으로 당 후기~오대 시기, 제3차 온난기는 A.D.931년~A.D.1320년으로 오대 시기~원 후기, 제3차 한랭기는 A.D.1321년~A.D.1920년으로 원 후기~중화민국 시기이며, 마지막으로 제4차 온난기는 A.D.1921년~현재에 해당한다.[12)]

이 중 제3차 한랭기에 해당하는 1321년부터 1920년 사이에 특히 '소빙기'라고 부를 정도로 연평균 기온이 하락하는 시기가 있었는데, 이 시기가 바로 17세기였다. 17세기는 전세계적으로 소빙기의 기후변동이 현저했던 시기였다. 당시 중국을 위시하여 동아시아에서 대기근이 발생하였고, 중국은 자연재해에 따른 기근과 이로 인한 사회불안과 농민반란으로 인해 왕조 교체라는 중대한 정치적 사건도 겪게 되었다. 중국의 역사 기록인 『명사(明史)』와 『청사고(淸史稿)』의 내용을 근거로 17세기 중국의 주요한 기근을 10년 단위로 정리하면 〈표 6-1〉과 같다.

〈표 6-1〉을 통해 볼 때, 중국은 1630년대 이후 거의 매해 기근이 있었다. 1650년대, 1670년대, 1680년대, 1690년대에는 모든 해에 기근이 있었다. 명청 교체가 이루어진 1644년을 기준으로 보면 1644년에서 1700년 사이에 1666년, 1669년, 1670년 단 3년을 제외한 모든 해에 기근이 있었다.[13)] 이와 같이 17세기에는 재해와 기근이 빈번했다. 가문과 홍수, 폭풍, 황충을 비롯한 병충해 등 다양한 원인이 있었지만, 작물이 생육할 때의 눈과 서리 같은 이상저온 현상도 기근에 큰 영향을 주었다. 17세기는 현재에 비해 연평

12) 김대기, 「11세기 중국의 기후변동과 자연재해」, 『생태환경과역사』, 제7호, 2021.12, p.157

13) 김문기, 「17세기 중국과 조선의 재해와 기근」, p.78.

표 6-1 17세기 중국 기근 발생 연도[14]

연대	『명사』, 『청사고』 기록	비고
1601~1610	1601, 1609	
1611~1620	1612, 1615, 1616, 1617, 1618, 1620	
1621~1630	1628, 1629	
1631~1640	1632, 1633, 1634, 1636, 1637, 1639, 1640	
1641~1650	1641, 1644, 1645, 1646, 1647, 1648, 1649,1650	숭정 기황(1640~1642) 칸에이대기근(1641~1643)
1651~1660	1651, 1652, 1653, 1654, 1655, 1656, 1657, 1658, 1659, 1660	
1661~1670	1661, 1662, 1663, 1664, 1665, 1667, 1668	
1671~1680	1671, 1672, 1673, 1674, 1675, 1676, 1677, 1678, 1679, 1680	경신대기근(1670~1671) 엔보대기근(1674~1677)
1681~1690	1681, 1682, 1683, 1684, 1685, 1686, 1687, 1688, 1689, 1690	
1691~1700	1691, 1692, 1693, 1694, 1695, 1696, 1697, 1698, 1699, 1700	을병대기근(1695~1699) 겐로쿠대기근(1695~1696, 1699~1704)

균 기온이 1.5~2℃ 정도 낮았기 때문에, 한랭한 날씨가 작황에 미치는 영향은 매우 컸다.[15] 소빙기 한랭 현상이 더욱 현저했던 17세기 후반에는 작황이 더욱 악화되어 기근이 특히 심했다. 명말에

14) 김문기, 「17세기 중국과 조선의 재해와 기근」, 『이화사학연구』, 42, 2011. 1, p.77.

15) 축가정(竺可楨), 「중국근오천년래기후변천적초보연구(中國近五千年來氣候變遷的初步研究)」, 『고고학보』, 1972-1, p.182; 유소민(劉昭民) 저, 박기수・차경애 역, 『기후의 반역: 기후를 통해 본 중국의 흥망사』, 성균관대학교출판부, 2005, p.181.

이르면 중국은 거의 매 해 기근에 시달렸고, 1620년대 후반부터는 극심한 기근이 이어지면서 식인행위가 일상적으로 행해졌다. 1626년과 1627년 여름과 가을에 간간이 서리가 내리더니, 1628년에는 아열대의 물고기가 얼어 죽는 혹한의 겨울이 왔다. 변덕스럽고 한랭한 날씨를 배경으로 극심한 가뭄이 이어지면서 기근이 찾아온 것이다. 1620년대 후반은 이상저온과 가뭄이 심해지고 있다는 점에서 주목할 만하다. 이때를 기점으로 중국 화북지역은 연이은 가뭄으로 기근이 끊이질 않았는데, 그 정점이 숭정 13~15년(1640~1642)의 대기근이었다.[16]

사실 17세기 전반에는 수재도 잦았지만 보다 지배적이었던 것은 건조한 날씨였다. 산동, 하남, 하북, 산서, 섬서 등 화북지역은 17세기의 시작과 더불어 잦은 가뭄에 시달렸다. 1616년은 산동 등의 화북지역뿐만 아니라 강서, 강남 등 거의 전역이 극심한 가뭄으로 심각한 기근에 시달리기도 했다. 1620년대 중후반부터 화북지역은 한랭하고 건조한 날씨로 거의 매년 기근을 경험했다. 숭정 연간(1628~1644)에는 한재와 기근이 없었던 해가 없었다. 특히, 1630년대 후반부터 가뭄은 더욱 심해져, 1640년대 초반에는 절정으로 치달았다. 바로 지난 500년 동안 중국에서 발생한 가장 심각한 가뭄이 바로 1637년에서 1641년 사이에 해당하였다.

숭정 13~15년의 대기근은 가뭄, 냉해, 황재, 병충해, 전염병의 창궐로 막대한 피해를 끼쳤다. 이들 피해들은 1620년대 중후반 이후 화북지역에서는 만연한 상태였는데, 1630년대 중후반부터는 더

16) 김문기, 「17세기 중국과 조선의 재해와 기근」, pp.80-84.

욱 심해졌다. 1636년부터 1640년까지 5년 연달아 한재와 황재를 입었는데, 굶주린 병사들이 도적떼가 되자 백성들은 병사에게 죽임을 당하고 도적에게 죽임을 당하며, 기아와 추위와 역병으로 죽어 백 명 중 한두 명이 겨우 살아남을 정도였다.[17] 또한 1641년부터 1642년까지는 한재와 황재의 피해가 절정에 달하여 상황은 더욱 악화되었다. 전염병은 광범위하게 퍼져갔고 사망자가 속출했다. 이때는 상대적으로 안전지대였던 화중, 화남지역마저 대기근에 휩쓸리게 되면서 회복할 수 없는 상태가 되었다. 경제적으로 가장 선진적이었던 강남에도 인육시장이 생길 정도로 식인행위가 공공하게 행해졌지만 막을 수 없는 지경이었다.[18] 당시 기근을 겪으면서 절강성 호주부는 인구 중 30%가 사망하고, 덕청현은 절반 이상이 사망하였다. 17세기 대기근이 닥치던 명청 교체기에 중국 인구는 40% 정도 감소하였는데, 화북지역의 인구 감소는 적어도 50%에 이를 것이라고 역사가들을 추측하고 있다.[19]

청대로 넘어와 강희 9~10년(1670~1671) 산동, 강소, 안휘, 절강을 중심으로 심각한 재해와 기근이 발생했다. 1670년은 한랭한 가운데 산동, 하남, 하북 등 화북지역은 가뭄이 들었고, 강소, 절강, 안휘 등 화중지역은 기록적인 수재가 있었다. 당시의 기후를 특징짓는 것은 여름의 이상저온 현상과 겨울의 혹한이었다. 아열대인 강남에서 음력 2월, 6월 9월에 각각 눈이 내렸다. 한여름 날씨가 깊은 가을처럼 서늘하여 흉작이 되었다. 겨울의 혹한은 더욱 극심

17) 김문기, 위의 논문, pp.86-88.
18) 김문기, 「명말 강남의 기후와 숭정 14년의 기황」, 『중국사연구』, 37, 2005. 1.
19) 갈검웅(葛劍雄), 『중국인구발전사』, 복건인민출판사, 1991, p.250.

했다. 하북, 강서, 절강, 강소, 복건, 하남, 호남 등 중국 전역에 극심한 한랭 현상이 있었다. 황하와 회수가 단단히 얼어붙어 수레와 말이 그 위를 지나다녔고, 아열대의 파양호와 장강마저 얼어붙었다. 산동에는 폭설이 내려 가옥이 매몰되자 사람들은 굴을 파서 출입을 해야 했고, 강소성 북부의 바닷가에는 빙산이 밀려와 산을 이루었다. 이러한 혹독한 추위에 곳곳에서 우물물이 얼고 나무, 짐승, 새, 가축, 사람이 동사했다. 이듬해에는 반대로 기록적인 폭염이 이어져 한재와 황재의 피해가 겹치는 재해가 발생했다. 강소, 절강, 안휘, 강서 등에서 기근이 들었다. 다만, 이때의 기근은 청조의 적극적인 구휼정책 등으로 인해 전국적이고 극단적인 상황으로 치닫지는 않았다.[20]

2 근대 이후 중국의 재해와 재난

1) 청말 황하의 대개도와 산동의 수재 피해

1840년 아편전쟁이 발발하면서 중국은 서양의 경제적·정치적·군사적 영향 하에서 자연경제가 해체됨과 동시에 반식민지 상태로 전락하게 되고, 서구 문물의 수용으로 인해 새로운 사회적 분위기가 싹트면서 서구 사상과 제도의 도입을 진행하는 근대 시기

20) 김문기, 「17세기 중국과 조선의 재해와 기근」, pp.94-95.

로 접어들게 된다.

중국의 근대 시기는 기존의 구체제에서 새로운 체제로 나아가는 전환기이자 과도기였고, 여전히 빈번히 발생하는 자연재해와 자본주의 열강의 침략에 따른 전쟁과 내전으로 인해 극도의 혼란 상태에 처해 있었다. 특히, 산동지역은 19세기 말 의화단이라는 비밀결사가 조직되어 20세기로 넘어가는 시기에 서양의 종교적 · 경제적 · 사회적 침입에 대항하는 대규모 민중운동이 발생한 지역이었다. '의화단운동'이라고 일컬어지는 이 민중봉기의 물결은 수도인 베이징의 서양 공사관 구역까지 파급되어 급기야 8개국 연합군과 전쟁을 벌이는 상황에까지 치닫게 되었다. 중국의 운명을 전쟁의 소용돌이에 빠지게 만든 이 의화단운동은 19세기 후반 산동이 처했던 자연 환경과 무관하지 않았다. 산동은 청대에 중국에서 두 번째로 많은 재해가 발생하던 지역이었던 것이다.[21]

청대 전기(1644~1839) 산동지역의 재해 상황을 살펴보면, 전체 107개 주현(州縣)을 가지고 있는 산동에서 196년 간 피해를 입은 주현은 4,203개로 연평균 피해 주현 수가 21개에 달했다.[22] 물론 이 기간 동안 발생한 재해는 수재, 한재, 태풍, 병충해 등이 다양하게 나타나고 있었다. 〈표 6-2〉는 청대 전기 각 성의 재해 주현 상황에 대한 통계이다. 강소성의 연평균 피해 주현 비율이 전체 주현의 27.9%로 1위, 안휘성이 전체 주현의 24%로 2위, 산동성은 전체 주현의 20.1%로 3위를 차지하고 있다.

21) 이향군(李向軍), 『청대황정연구(清代荒政研究)』, 중국농업출판사, 1995, pp. 113-236.

22) 이향군(李向軍), 위의 책, p.214.

표 6-2 청대 전기(1644~1839) 재해로 인한 각 성별 피해 주현 상황[23]

성	전체 주현 수	피해 주현 수	연평균 피해 주현 수	비율 (%)	순위
직예	142	5,273	27	19.0	4
산동	107	4,203	21	20.1	3
강소	68	3,771	19	27.9	1
안휘	54	2,636	13	24.0	2

황하 하류의 삼각주에 위치한 산동은 황하 범람이 빈발하는 지역이었다. 통계에 따르면 1946년 이전 황하 범람 횟수는 1,593회였으며 물길이 비교적 크게 개도한 것이 26회였는데,[24] 그 중 21차례가 산동의 중심 내지 변경에서 일어났다.[25] 사실 1850년까지만 해도 황하의 하류는 산동성이 아니라 강소성을 지나 황해로 들어가고 있었다. 그러던 것이 1855년 홍수 범람으로 인해 물줄기를 크게 바꾸어 산동성으로 지나가면서 큰 수재를 안겨주었던 것이다.

이 사건의 전주는 이미 1851년 황하의 범람에서 시작되었다. 1851년 8월 황하가 강소성 풍현 북안에서 범람하여 하수가 산동 하류의 주현, 그 중에서도 어대(魚臺), 제녕(濟寧), 금향(金鄕), 가상(嘉祥) 등 산동 서부지구에 큰 피해를 주었다. 다음 해인 1852년에도 이 영향으로 하류의 주현이 계속 침수되어 덕주(德州), 관도(館陶), 구현(邱縣), 관현(冠縣) 등이 피해를 보았고, 1853년에 겨우 제

23) 이은자, 『의화단운동 전후의 산동: 민간종교결사와 권회에 관한연구』, 고려대학교 출판부, 2002, p.25.

24) 왕림(王林), 『산동근대재황사(山東近代災荒史)』, 제로서사(齊魯書社), 2004, p.32.

25) 손경기(孫慶基), 『산동성지리』, 산동교육출판사, 1987, p.135.

방공사가 시작되었지만 이미 재해가 심각해진 상태였다. 게다가 봄 가뭄이 심하여 굶주린 사람들이 길가에서 걸식하느라 도처에 가득하였으며, 심지어 인육을 먹는 경우도 있었다. 많은 관리들도 이러한 상황에 우려를 표시했을 정도로 이 해의 기근은 심각하였다. 1851년 황하 범람의 영향은 봄 가뭄이 가세하면서 대기근으로 이어졌던 것이다.[26)]

1851년 황하의 범람 이후 수리가 제대로 이루어지지 않은 채, 다시 4년 만에 엄청난 재난이 발생하였다. 1855년(함풍 5년) 황하가 하남성 난양(蘭陽) 동와상(銅瓦廂)에서 범람한 뒤, 물길을 바꾸어 산동 서부를 관통하여 대청하(大淸河)를 거쳐 바다로 들어가는 중대한 사건이 벌어진 것이다. 이로 인하여 강물이 직접 산동으로 들어가 하택(菏澤), 복주(濮州)에서 수장(壽張), 동아(東阿)까지의 지역이 모두 침수되었다. 이로 인해 산동 서부의 84개 주현이 피해를 입었고, 이 중 재해율 100%에 해당하는 하택, 복주, 범현(范縣) 등지의 촌장(村莊)만 1,821곳에 달했다.[27)] 또한 재해율 90%의 촌장은 1,388곳, 재해율 80%의 촌장은 2,177곳, 재해율 70%의 촌장은 1,001곳, 재해율 60%의 촌장은 774곳이었다.[28)]

이 당시 재해의 참혹상에 대해 한 연구에서는 "만약 1촌장을 200호, 1호를 5명으로 계산하면 1촌장의 거주 인구는 1,000명이다. 1촌장의 거주민을 1천 명으로 계산하면 1855년 재해율 60% 이상의 촌장에 거주하였던 재해민은 7,160,000명이었다. 이는 산동성

---

26) 이은자, 앞의 책, pp.29-30.

27) 이은자, 「19세기 후반 산동서부의 사회 · 경제적 환경」, 『근대중국연구』, 제2집, 2001, pp.60-66.

28) 왕림, 앞의 책, p.63.

전체 인구의 1/5에 해당하고, 도광 연간 제남부 인구의 두 배에 해당한다"[29]고 지적하여 산동 거주민의 생계에 치명적인 타격을 입혔음을 설명해 주고 있다.

이 사건 이후 산동 서부는 상습적인 수해지구로 변모하였는데, 황하가 산동으로 개도하여 바다로 들어가게 된 1855년부터 56년 간에 걸쳐 단 4년만 홍수가 없었고, 매년 황하의 범람으로 인한 수재를 겪었다. 그 중 특대의 홍수가 발생한 해가 3번, 대홍수가 발생한 해가 4번으로 개도 전의 세 배에 해당하였고, 중간급의 홍수가 발생한 해가 22번으로 개도 전의 1.8배에 달했다.[30]

1855년의 큰 재해 이후 산동 황하 양안에 제방을 설치했지만, 30년 동안 1861년, 1862년, 1876년을 제외한 나머지 해에 황하가 범람했다.[31] 1855년 이후 30년 동안의 대재앙 시기 산동에서 다른 성으로 도망간 사람은 300만 명이었으며, 제남부에서만 굶어 죽은 사람은 1만 5천 명이었다.[32] 이 당시 산동성의 인구가 3천 5백만 명이었는데, 이 중 50만 명이 사망하였다고 알려져 있으나 사실 사망자가 얼마에 이르렀는지 정확한 통계는 알 수 없다. 1876년 재해 발생 시기만 해도 청 정부는 11월 중순부터 다음 해 1월까지 그 실상을 정확하게 파악하지 못했던 것이다. 청 정부는 재해 발생 초기에 그 심각성을 제대로 인식하지 못하고 있었다.[33]

---

29) 강판권, 「청대 산동성의 자연재해와 정부의 대책」, 『계명사학』, 18, 2007. 11, p.86.

30) 산동성지방지편찬위원회(山東省地方史志編纂委員會), 『산동사지자료(山東史志資料)』, 제2집, 산동인민출판사, 1982, p.170.

31) 왕린(王林), 『산동근대재황사(山東近代災荒史)』, 봉황출판사, 2004, pp.64-65.

32) 『신보』, 1877년 4월 28일자.

표 6-3 청대 후기 1851~1874 산동성 재해 상황

연도	피해 주현 수(전체 주현 수)		
	산동 서부지역 (39)	기타 지역 (68)	총수 (107)
1851	36	27	63
1852	30	27	57
1853	34	33	67
1854	32	38	70
1855	39	45	84
1856	39	46	85
1857	38	50	88
1858	35	41	76
1859	38	44	82
1860	37	43	80
1861	37	36	73
1862	39	59	98
1863	35	50	85
1864	39	36	75
1865	32	45	77
1866	35	41	76
1867	34	52	86
1868	37	45	82
1869	38	29	67
1870	37	28	65
1871	39	31	70
1872	38	33	71
1873	39	33	72
1874	36	34	70
백분비(%)	93.0	57.9	70.8

33) 강판권, 앞의 논문, pp.86-89.

〈표 6-4〉에 따르면, 1851년부터 1900년까지 50년 간 산동성에서 재해로 인해 피해를 입은 주현 수는 총 3,851개로 매년 평균 77개 주현이 피해를 입게 되어,[34] 재해 상황이 이전에 비해 훨씬 심각해진 것을 볼 수 있다. 이런 상황이 일어나게 된 것은 바로 1855년에 발생한 황하의 대개도와 매우 밀접한 관련성을 가지고 있었다.[35]

표 6-4 청대 후기(1851~1900) 산동성 재해 상황

연도	전체 주현	피해 주현	연평균 피해 주현	비율 (%)
1851～1874(24)	107	1,819	75.8	70.8
1875～1900(26)		2,032	78.2	73.1
1851～1900(50)		3,851	77.0	72.0

표 6-5 1855년 황하 개도 전후 산동성 수재 상황(1644~1912)[36]

구분	연도	범람 발생 연수			범람 발생 횟수			재해 주현 수	
		성외	성내	평균	성외	성내	합계	총수	연평균
개도 전	1644～1855	27	11	5.6	42	26	68	519	2.4
개도 후	1855～1912	14	38	1.1	20	243	263	966	17.3
합계	269	41	49	3.0	62	269	331	1,485	5.5

34) 이문해(李文海), 『근대중국재황기년(近代中國災荒紀年)』, 호남교육출판사, 1990, pp.112-675.

35) 김형열, 「명청시기 산동의 수리환경과 연안도시의경제적 변천」, 『중국사연구』, 64, 2010.1.

36) 이문해(李文海), 『중국근대십대재황(中國近代十大災荒)』, 상해인민출판사, 1994, p.56.

〈표 6-5〉에 의하면, 1855년 황하 개도 이전 산동에서 황하 범람의 피해는 성외(省外)에서 파급된 경우가 많았다. 1855년 개도 이전 황하는 하남성을 지나 강소성을 거쳐 바다로 흘러 들어갔으므로, 여기서 성외는 주로 하남성을 지칭한다. 그렇지만 개도 이후에는 성내(省內) 범람으로 인한 것이 대부분이었다. 1855년 사건 이전 212년(1644~1855) 중 범람 발생 연수는 38년인 반면, 개도 이후부터 청말까지 58년(1855~1912) 중에는 52년이었다. 전자가 5.6년에 한 번 범람이 일어났다면, 후자는 1.1년마다 한 번씩 범람이 발생한 셈이다. 범람 발생 횟수도 전자가 68번인 반면, 후자는 거의 네 배에 가까운 263번이나 된다. 재해 주현 수도 전자는 연간 2.4곳이 피해를 입은 반면, 후자는 17.3곳이나 영향을 받았다. 피해의 정도도 일곱 배를 넘고 있다. 이런 점에서 개도 이후 황하가 횡단하는 지역으로 변모한 산동 서부의 재해 상황이 이전에 비해 얼마나 심각한지를 확인할 수 있다.37)

함풍·동치 연간(1851~1864)에는 황하의 개도로 인한 피해가 산동 서부에 큰 영향을 미쳤다면, 광서 연간(1865~1900)에는 이에 더하여 가뭄으로 인한 피해의 영향이 컸다. 1875년에서 1880년 사이에는 직예, 산서, 하남, 섬서, 감숙 등지에 가뭄이 극심하였다. 1877년(정축년)에서 1878년(무인년)에 이르는 정무 기황은 사망자만 최소 2,000만 명에 이르는 기록을 보였다. 가장 피해가 극심했던 산서성 태원부의 경우 인구 100만 명 중 사망자가 95만 명으로 사망률이 95%에 이르렀다.

37) 이은자, 앞의 책, pp.31-32.

산동의 경우도 이 영향 때문에 가뭄으로 인한 기근이 계속되어 기민의 폭동이 잇달았다. 황하의 범람으로 인한 피해도 예전과 다름없어 1882년부터 1900년까지 19년 간 범람의 기록이 보이지 않는 해는 1888년, 1891년, 1894년, 1898년뿐이었다.[38] 비록 가뭄으로 인한 피해가 산동 서부만의 문제는 아니었지만, 1855년 황하의 개도 이래 만성적인 수재의 피해지역이었던 산동 서부의 상황은 이로 인하여 더욱 열악해 지고 말았다. 거듭되는 재해에도 불구하고 청 정부의 재난대처 능력은 이미 19세기에 들어서면서 한계에 달하고 있었다. 이로 인하여 대다수 농민은 사망하거나 가옥과 토지를 상실하고 고향을 떠나 유민이 되어야 했다.[39] 이러한 상황 속에서 산동지역에서 유민을 중심으로 민간 비밀종교결사가 조직되고, 이것이 민중운동으로 확대되어 나간 것은 결코 우연한 결과가 아니었다.

2) 제국주의 팽창기의 감염병 확산: 만주 페페스트의 유행

페스트가 동아시아에 본격적으로 등장한 것은 1894년 6월, 운남과 홍콩에서 유행한 이후였다. 홍콩에서 페스트가 유행하는 동안, 홍콩 식민당국은 정확한 감염 경로를 확인할 수 없었고, 군 병력을 동원하여 호구검역과 강제격리를 실시했다. 페스트는 치사율이 매우 높았기 때문에 서양식 격리시설로 옮겨진다는 것은 사실

38) 이문해(李文海), 주원(周源), 『재황여기근(災荒與饑饉)(1840~1919)』, 고등교육출판사, 1991, p.156.

39) 이은자, 앞의 책, pp.31-33.

상 죽음을 의미하는 것이었다. 중국인들이 환자 이송을 거부하는 등 당국의 조치에 반발하는 것은 당연했다. 식민당국은 감염의 확산 원인이 불결한 환경에 있다고 생각했기 때문에, 감염지역의 소각, 철거, 격리 등 강경책으로만 일관하고 있었다. 홍콩 식민당국의 반복적인 강경책, 주민의 비협조, 홍콩 경제의 침체 등이 지속되자, 20세기가 넘어서야 홍콩 총독은 세균설에 입각한 방역대책으로의 전환을 전격적으로 결정하기에 이르렀다.[40]

홍콩 식민당국은 서양의학을 불신하는 중국인들을 위해 민간사회가 주도하는 동화의원이라는 중의병원의 개설을 허가하였고, 페스트 유행을 계기로 동화의원에 서양의학을 도입시켜 민간의 협력을 적극적으로 끌어내기 위한 동서 협진 성격의 진료 환경을 구축하기도 하였다.[41]

1896년에는 대만에서 페스트가 유행하였고, 1899년에는 고베와 오사카 등지에서 페스트가 유행했다. 1910년에는 북만주와 트랜스바이칼 경계지역에서 새로운 형태의 페스트가 확산되기 시작했다. 1910년 러시아와 접경한 만주리 인근에서 시작되어 북만주지역으로 확산된 만주 페스트는 남방지역에서 유행했던 페스트와는 달랐다. 만주 페스트는 선페스트가 아닌 폐페스트였고, 이전과 달리 감염의 전파 속도가 빨랐으며 희생자가 속출했다. 일반인 희생자들이 급속히 늘어남과 동시에 페스트 방역에 참여했던 의사들과 방역 담당자들도 적지 않은 희생자를 내게 되었다. 1910~1911

40) 신규환, 『페스트 제국의 탄생: 제3차 페스트 팬데믹과 동아시아』, 역사공간, 2020, pp.36-50, 56-65.

41) 신규환, 「19세기 후반~20세기 전반 동아시아의 감염병 유행과 방역대책」, 『동서인문』, 제14호, 2020.10, pp.28-29.

년 제1차 만주 페스트 유행시 부가전(傅家甸)지역의 방역에 참여했던 2,943명 중 297명이 사망하여 사망률이 10%에 달했는데, 그 중에서 서의는 20명 중 1명이 사망했고, 중의는 9명 중 4명이 사망했다. 방역당국의 마스크 착용 지시에도 불구하고 중의들은 마스크 착용의 중요성을 인식하지 못하고 있었기 때문에, 방역에 참여했던 중의들의 사망률이 더 높았던 것이다.

제1차 만주 폐페스트의 유행으로 이미 6만여 명 이상의 사상자가 발생했고, 그 후 10년 동안 만주지역에서는 거의 매년 크고 작은 규모의 페스트 환자와 사망자가 발생했다. 선페스트와 폐페스트의 유행이 교차했는데, 비교적 규모가 큰 것으로는 1만 6천여 명이 사망한 1917~1918년 선페스트와 9천여 명이 사망한 1920~1921년의 폐페스트 유행 등이 있다. 그 중에서 1920~1921년 폐페스트는 제2차 만주 폐페스트로 불리고 있다.[42]

만주에서의 페스트 확산은 만주지역에 관심을 갖고 있던 일본과 러시아에게 있어서 방역 과정에서 군대를 동원하여 지배권을 확립할 수 있는 중요한 구실이 될 수 있었다. 또한 일본과 러시아는 페스트 예방백신과 혈청치료제 개발 등에도 적극적이었다. 청조는 기본적으로 지역사회의 감염병 문제에 대해서 중앙정부가 직접적인 개입을 하지 않는다는 원칙을 고수하고 있었다. 그 결과 감염병 문제로 인해 서구 열강들이 조계에서 이권을 확대하는 것을 묵인할 수밖에 없었다.

만주 페스트의 유행으로 서구 열강의 개입이 분명한 상황에서

42) 신규환, 「기후변화와 질병: 19~20세기 페스트 유행과 질병관의 변화」, 『한국학논집』, 제62집, 2016.3, pp.58-59.

청조는 서양의학의 도입을 전격적으로 결정했다. 바로 영국 캠브리지 대학 출신 의사인 우롄더(伍連德)를 책임자로 페스트 방역에 나서게 했다. 1910년 11월 24일 우롄더는 하얼빈에 도착한 이래로 페스트 사망 환자의 부검을 실시하였고, 이를 통해 기존의 선페스트와 달리 폐에서 페스트균을 발견하였다. 이에 호흡기를 통해 감염이 빠르게 확산되는 것을 막기 위해 마스크 착용을 생활화하도록 지시하였다. 1910~1911년 제1차 만주 폐페스트 방역에서 우롄더는 강력한 방역행정을 전개하고자 했으나, 실제로는 수많은 견제와 비판에 직면했다. 청조와 제국주의 각국, 중앙정부와 지방정부, 정부와 민간, 중의학과 서양의학 등 대립과 갈등 속에서 우롄더의 활동은 제한적일 수밖에 없었다. 즉, 방역활동을 위해 경찰력을 필요로 했지만 지방당국은 자신들의 군사권에 제한될까봐 경찰력 지원을 방해했던 것이다.[43)]

1920~1921년에는 제2차 만주 폐페스트가 유행하였다. 1920년 10월 만주리에서 117마일 떨어진 하일라지역에서 철교를 지키는 헌병의 아내가 페스트에 감염되어 사망했다. 그녀의 가족들도 페스트에 감염되어 두 아들이 사망했고, 남편은 병원에서 회복되었다. 곧이어 같은 지역에 거주하던 3명의 중국군이 사망했고, 점차 폐페스트 형태로 급속하게 확산되었다. 12월 하일라의 페스트는 달라이너 탄광으로 확대되었는데, 광부 4,000명 중 1,000명 이상이 사망하였다. 달라이너에서 유행한 페스트는 만주리로 확산되어 1,141명이 사망하였고, 치치하얼에서 1,734명, 하얼빈에서 3,125명

43) 신규환, 앞의 책, 제5장.

이 사망하였다. 2월 1일에는 하얼빈과 장춘 등지에서 기차 탑승이 금지되었으나 페스트는 남으로는 천진(天津), 지부(之罘)까지 확대되었고 4월 9일에는 블라디보스토크에서 첫 환자가 발견되기도 했다.44)

제1차 만주 폐페스트 유행 당시, 하얼빈에서 러시아 사회는 러시아 당국과 자치공의회 등 민관의 협력 속에 강고한 방역체계를 구축하고 있었다. 그러나 제2차 만주 폐페스트가 유행하자, 러시아 혁명 이후 불안해진 정국 속에서 구심점이 없어진 하얼빈의 러시아 사회는 페스트로 초토화되었다.45) 반면, 우롄더가 중심이 된 중국인 사회의 방역행정은 점차 안정을 찾아갈 수 있었다.46) 제2차 만주 폐페스트는 1921년 10월 이르러서야 종결될 수 있었으며, 사망자는 러시아인 600명을 포함하여 9,300명이었다.47)

만주에서 발생한 제1차 만주 폐페스트 방역의 관건이 중국인 쿨리들의 이동을 어떻게 효과적으로 차단하느냐에 있었다면, 제2차 만주 폐페스트는 군벌 전쟁 중에 급작스럽게 증가된 중국인 군대의 망동을 어떻게 제어하느냐에 달려 있었다. 군인들은 기차검역을 방해하고 격리병원을 공격하는 등 방역조치에 적대적이었을 뿐만 아니라 스스로 감염원이 되어 페스트를 확산시켰던 것이다. 이러한 여러 장애 요인에도 불구하고 중국 및 러시아 당국 등의

44) 신규환, 「제1·2차 만주 폐페스트의 유행과 일제의 방역행정(1910~1921)」, 『의사학』, 제21권 제3호, 2012.12, p.463.

45) 신규환, 위의 책, 제7장.

46) 신규환, 「19세기 후반~20세기 전반 동아시아의 감염병 유행과 방역대책」, pp.31-33.

47) 신규환, 「제1·2차 만주 폐페스트의 유행과 일제의 방역행정(1910~1921)」, p.463.

협력으로 결국 방역활동은 성공리에 마무리될 수 있었다.[48]

3) 정책 오류로 인해 발생한 대재난: 대약진운동

중국은 사회주의 혁명을 거쳐 1949년 중화인민공화국을 건립한 이후 1953년부터 스탈린주의적 발전 모델을 구체화한 중공업 우선 정책으로 제1차 경제개발 5개년 계획을 추진했다. 이에 따라 농업 분야에서는 초급 합작사를 통해, 상공업 분야에서는 집단화 완료를 통해 정치 안정 및 초보적인 공업화라는 성과를 이룩했다. 그러나 제1차 경제개발 5개년 계획은 중국 공산당의 발표와 달리 실제로는 큰 성과를 보지 못했다. 표면적인 성공 이면에 많은 문제점과 부작용이 산재했고, 경제적 불균형이 형성되었기 때문이었다. 특히, 1956년 후반부터 시작된 농업 생산력의 급속한 저하로 공업 발전에 필요한 자본 창출이 어려워졌다. 이는 결국 중국 경제를 침체에 들어서게 했다. 또한 18.7%의 성장률을 기록한 공업 생산량에 비해, 농업 생산량은 겨우 3.8%의 성장률을 보여 농업과 중소기업이 위축되는 결과를 낳았다.[49]

한편 1956년부터 1957년에 걸쳐 중국 정치는 크게 동요했는데, 그 배후에는 소련이라는 요소가 커다랗게 작용했다. 1956년 2월에 열린 소련공산당 제20차 대회에서 흐루쇼프(Nikita Khrushchyov)는 충격적인 비밀보고인 '스탈린 비판'을 감행했던 것이다.[50] 소련은

48) 신규환, 위의 논문, p.467.

49) https://100.daum.net/encyclopedia/view/63XX18100099(검색일: 2023년 6월 30일)

계획경제를 통해 1930년대부터 고속 발전을 이루었으나, 1950년대에 들어서면서 개인숭배, 당내부패, 물가폭등 등 문제점이 나타났고, 이는 스탈린(Joseph V. Stalin) 사후 새로운 지도자인 흐루쇼프가 시급히 처리하여야 할 과제들이었다. 소련공산당 제20차 대회 말미에 진행된 비밀연설에서 흐루쇼프는 스탈린에 대한 개인숭배와 그 해악적인 결과로 인해 어떻게 마르크스-레닌주의 원칙이 왜곡되었는지, 어떻게 당 원칙, 당 민주주의, 혁명적 법질서, 레닌주의적 집체적 영도가 왜곡되었는지 신랄하게 비판하였다. 이 비밀연설은 사회주의 진영에서 큰 파장을 이루었는데, 직접적인 영향으로 소련을 중심으로 탈스탈린화가 추진되었고, 동유럽 나라에서 스탈린식 지도자가 물러나게 되는 상황도 벌어지게 된다. 결국 스탈린식 발전노선의 포기는 사회주의 진영 국가에게 자유와 활력을 부여한 동시에 혼동을 일으켰는데, 중국 또한 그 영향을 받게 되었다.[51]

제1차 경제개발 5개년 계획 완료 후 급속한 농업집단화로 인한 농민의 불만과 중공업만 우선으로 발전함으로써 일어난 물가폭등, 물자부족 등 문제에 대해 경제부문을 주관하는 지도자들이 주장하는 균형발전노선이 제기되어, 1956년 9월 베이징에서 열린 중국공산당 제8차 대회는 "종합평형을 이루면서 안정적으로 전진하는 경제건설"이라는 총노선이 채택되었다. 1956년 후반 중국에서도 민중 불만의 움직임이 나타났으며, 마오쩌둥(毛澤東)은 실제로

50) 아마코 사토시, 『중화인민공화국 50년사』, 일조각, 2003, p.57.
51) 이문청 · 서정민, 「북한과 중국의 사회주의 대중동원운동 비교연구: 천리마운동과 대약진운동」, 『한국정치학회보』, 제47집 제4호, 2013.9, p.162.

중국 공산당 내에도 존재하는 문제와 연결시키면서 당과 인민의 관계에 대해 "백화제방, 백가쟁명, 장기공존, 상호감독" 방침을 내세우며, 인민의 비판 출구를 열어주면서 중국의 사회모순을 해결하려고 하였다. 또한 1957년 정풍운동을 지시하며 지식인 및 민주당파 인사의 비판을 통해 공산당 내의 주관주의, 관료주의, 종파주의를 비판하는 운동을 벌이고자 하였다. 하지만, 외부인사의 비판이 당의 관리 문제를 뛰어넘어 지도 문제를 언급하자 당내 문제만 다루려던 정풍운동은 10일 만에 변화가 발생하여 지식인 민주당파 인사에서의 '우파분자'를 대상으로 한 '반우파운동'으로 전환되었다.

이러한 정치적 움직임 속에서 1957년 6월 마오쩌둥은 정풍운동을 대중 범위로 확대하고, 무산계급과 자산계급 간의 계급투쟁을 지시하면서 급진적인 분위기를 조성하였다.[52] 1957년 말까지 우파분자로 분류되었던 사람은 전국적으로 49만여 명이었고, 1958년 전반기에는 '보완 수정'과 '심층 조사'가 이루어져 합계 55만 2,877명에 달했다. 그 중에서도 민주동맹에 대한 공격은 극심했고, 우파분자로 분류되었던 민주동맹의 성원은 약 6,000명으로 조직원의 1/5이 넘었다.[53] 이러한 마오쩌둥의 사상적 급진주의 인해 발생한 정치운동은 결국 경제부문의 약진운동으로 전환되었다.

1957년 11월 소련 '10월 혁명 40주년' 기념 축하식에 참석했던 마오쩌둥은 처음으로 15년 안에 영국의 강철 생산량을 따라 잡겠다고 발언하였다. 그러나 지난 제8차 당 대회에서 통과한 균형발전 노선은 이러한 목표를 완성하기에 부족했다. 마오쩌둥은 정풍운동

52) 이문청 · 서정민, 위의 논문, pp.162-163.
53) 아마코 사토시, 앞의 책, p.61.

을 통한 국민의 사회주의 건설에 대한 열망을 이용하여 1958년 3월에 열린 청두 회의에서 기존의 온건적인 경제발전 노선에서 경제적 '대약진' 노선으로 사업방향을 전환하였다. 1958년 5월에 열린 제8차 중국 공산당 대표대회 제2차 중앙위원회 전체 회의는 대약진운동의 전면적인 시작을 의미하였다. 이 회의에서 마오쩌둥은 중국의 기본모순은 무산계급과 자산계급, 사회주의와 자본주의 사이의 모순에 있다는 것을 다시 강조하며, 청두 회의 때 그가 제기한 "노력하고 경쟁하여 더욱 빨리, 더욱 효과적으로 사회주의를 건설하자[54]"는 방침을 사회주의 건설시기의 총노선으로 채택하면서 제2차 5개년 계획의 지표도 함께 설정하였다.[55]

구체적으로는 공업 목표가 철강 생산에 편중되었으며, 그 품질은 거의 무시되고 오직 증산만을 강조했다. 첫해의 목표는 강철 생산량을 1957년도 실적인 535만 톤의 두 배인 1,070만 톤으로 증산한다는 것이었다. 농업 면에서의 목표는 국가와 공업부문에서의 지원을 기대할 수 없는 상황에서 농민의 집약농업에 의지하고, 대중운동에 바탕을 둔 대규모 수리・관개 건설과 비료주기운동을 전개해 식량 생산을 대폭적으로 증산한다는 것이었다.[56]

1958년 8월부터 12월까지 전국의 74만 개 고급합작사는 2만 6,578개의 인민공사[57]로 대체되었고, 농촌 농가의 가입률은 99%

54) 鼓足干勁, 力爭上游, 多快好省地建設社會主義.

55) 이문청・서정민, 앞의 논문, p.164. 베이따이허 회의에서 통과한 「제2차 5개년 계획에 관한 의견」은 1962년까지 식량 생산 15억 톤, 목화 생산 150만 톤, 강철 8,000만 톤의 목표 지표를 규정하였다.

56) 아마코 사토시, 앞의 책, p.65.

57) 인민공사란 1향 1사의 규모를 기본으로 하고, 이전의 권력기구와 합작사를 일체화한 것으로, 그 내부에서는 농업, 공업, 상업, 문화, 교육, 군사를 서

이상이었다. 지나치게 빠른 속도로 철강 생산운동과 수리·관개 건설운동, 인민공사화가 추진되면서 대약진운동이 전개되었다. 대약진운동은 인간의 정신력과 집단의 힘에만 의지했던 대생산, 자연 개조, 사회 개조의 거대한 실험이었다. 그러나 각각의 객관적 조건과 역량 및 상호 간의 균형을 지나치게 무시하고 진행 과정을 조정할 수 있는 기구가 없었기 때문에, 곧 심각한 왜곡 현상을 드러냈다.

먼저, 인민공사화 시기 농민재산의 무상몰수와 이에 따른 농민들의 생산 적극성 저하, 반항이 일어나면서 생산량은 예상과 달리 감소하기 시작하였다.[58] 또 1958년 9월까지 전국적으로 5,000만 명이 동원되어 60만 개소에 소형의 토법 용광로가 만들어지고, 연말까지 농민 1억 명이 동원되었다. 그것으로 철강 생산량 두 배 증산이라는 목표는 달성했지만 비전문적인 제조 기술 때문에, 그 가운데 300만 톤(총량의 약 30%)은 조악해서 사용할 수 없는 생산품이었다. 그 외에 집중호우식으로 이루어진 철강 증산운동과 수리·관개 건설운동은 농업 생산활동에 지장을 초래해, 1958년 농업투입 노동력은 전년에 비해 3,818만 명이 감소되었고, 식량 생산량은 목표인 3억~3.5억 톤을 크게 밑돈 2억 톤이었다. 이 경향은 이후 더욱 심해져 1959년에는 1억 7,000만 톤, 1960년에는 다시 1억 4,350만 톤으로 감소했다.[59]

로 결합시켜 집단 생산과 집단생활을 영위하는 자력갱생과 자급자족의 지역 공간으로 만들 것을 목표로 한 조직이다.

58) 이문청·서정민, 앞의 논문, p.164.

59) 아마코 사토시, 앞의 책, pp.66-67.

표 6-6 제2차 5개년 계획 실행 성과[60]

구분	공·농업 총생산액 (억 원)	전년 대비 성장률 (%)	강철 생산량 (만 톤)	식량 생산량 (만 톤)	목화 생산량 (만 톤)
1958	1,649	32.2	800 (300만 폐강)	20,000	196.9
1959	1,980	19.5	1,387	17,000	170.9
1960	2,094	5.4	1,866	14,350	106.3
1961	1,621	−31	870	14,750	80
1962	1,504	−10.1	667	16,000	75

1959년부터 연속 하강세를 보인 식량 생산은 식량난을 초래하였고, 각지에서 심한 기황을 불러일으켰다. 인민공사의 선두에 있었던 하남성은 최대의 피해지역으로 되었고, '신양 사건'[61]으로 중앙은 심각성을 의식하게 된다. 하지만, 마오쩌둥은 신양 사건마저 '국민당의 보복행위'로 판정하였고,[62] 각지의 과장된 실적 보고를 받으면서 상황의 심각성을 제대로 인식하지 못하고 있었다. 또한 국방부장 중앙군사위원회 부주석이라는 요직에 있었던 펑더화이(彭德懷)가 1959년 8월에 열린 루산회의에서 지방 시찰을 통해 입수한 대약진운동의 좌경적 문제점을 보고하자, 이를 '우익 기회주의 반당 군사그룹'으로 비판하고 실각시키면서 반우경투쟁을 일으키고 말았다. 이 결과 대약진운동은 더 급진주의 노선을 향해 달려

60) 이문청 · 서정민, 앞의 논문, p.167.
61) 1959년 10월부터 1960년 4월 허난성 신양지역에서 일어난 대규모 기황 및 농민들이 아사한 사건으로 1년 간 신양 지역에서 107만 명 사망 인구가 있었다.
62) 이문청 · 서정민, 앞의 논문, p.167.

가게 되었다.

게다가 1959~1961년에는 엄청난 자연재해가 발생해 1인당 식량 생산은 기아선상을 밑돌 정도로 사태가 심각했다. 그럼에도 불구하고 허위로 가득 찬 보고와 열광주의, '공산풍'이 계속되어 역사상 일찍이 유례가 없었을 정도로 대규모의 아사자가 생겨나는 비참한 사태를 야기했다. 오늘날 사망자 수를 전하는 정확한 기록이나 자료는 남아 있지 않다. 그러나 다양한 형태로 전해진 숫자로 짐작해 보면 해외 학자들의 추산에 따른 사망자의 숫자는 3,000~4,000만 명이고, 중국 학자들에 따르면 1,500~2,000만 명에 이른다. 아사자가 총인구의 2.5%에서 6%에 이르렀다면 아사 상태를 헤매던 사람들은 당연히 그 몇 배에 이를 것으로 추산된다.[63]

이처럼 대약진운동은 단순히 자연재해로 인해 일어난 재난을 넘어서 인간의 광기어린 신념과 권력욕, 잘못된 정책에 대한 맹신, 사회의 열광주의과 맹목적 추종이 만들어낸 전형적인 인재이자 대재난이었다.

63) 아마코 사토시, 앞의 책, pp.69-70.

참고문헌

갈검웅(1991). 『중국인구발전사』. 복건인민출판사.

갈전승(2011). 『중국역조기후변화(中國歷朝氣候變化)』. 과학출판사.

강판권(2007.11). 「청대 산동성의 자연재해와 정부의 대책」, 『계명사학』, 18.

김대기(2021.12). 「11세기 중국의 기후변동과 자연재해」, 『생태환경과 역사』, 제7호.

김문기(2005.1). 「명말 강남의 기후와 숭정 14년의 기황」, 『중국사연구』, 37.

김문기(2011.1). 「17세기 중국과 조선의 재해와 기근」, 『이화사학연구』, 42.

김성철 편(2015). 『재난과 평화: 폐허를 딛고 평화를 묻다』. 서울대학교 통일평화연구원. 아카넷.

김종석(2021.8). 「고대 중국의 재난관 형성과 변하 연구: 재이를 넘어 재난으로」, 『동양철학연구』, 제107집.

김형열(2010.1). 「명청시기 산동의 수리환경과 연안도시의 경제적 변천」, 『중국사연구』, 64.

손경기(1987). 『산동성지리』. 산동교육출판사.

신규환(2012.12). 「제1·2차 만주 폐페스트의 유행과 일제의 방역행정(1910~1921)」, 『의사학』, 제21권 제3호.

신규환(2016.3). 「기후변화와 질병: 19~20세기 페스트 유행과 질병관의 변화」, 『한국학논집』, 제62집.

신규환(2020). 『페스트 제국의 탄생: 제3차 페스트 팬데믹과 동아시아』. 역사공간.

신규환(2020.10). 「19세기 후반~20세기 전반 동아시아의 감염병 유행과 방역대책」, 『동서인문』, 제14호.
아마코 사토시(2003). 『중화인민공화국 50년사』. 일조각.
왕림(2004). 『산동근대재황사(山東近代災荒史)』. 봉황출판사.
유소민 저, 박기수 · 차경애 역(2005). 『기후의 반역: 기후를 통해 본 중국의 흥망사』. 성균관대학교출판부.
이문청 · 서정민(2013.9). 「북한과 중국의 사회주의 대중동원운동 비교연구: 천리마운동과 대약진운동」, 『한국정치학회보』, 제47집 제4호.
이문해(1990). 『근대중국재황기년(近代中國災荒紀年)』. 호남교육출판사.
이문해(1994). 『중국근대십대재황(中國近代十大災荒)』. 상해인민출판사.
이문해 · 주원(1991). 『재황여기근(災荒與饑饉)(1840~1919)』. 고등교육출판사.
이석현(2020.2). 「중국의 재해, 재난 연구와 '재난인문학'」, 『인문학연구』, 제59집.
이석현(2021.10). 「중국의 재해 연구와 데이터베이스, 지도」, 『인문논총』, 제56집.
이석현(2021.11). 「중국 재이관의 성립과 변용」, 『인문사회과학연구』, 제22권 제4호.
이은자(2001). 「19세기 후반 산동서부의 사회 · 경제적 환경」, 『근대중국연구』, 제2집.
이은자(2002). 『의화단운동 전후의 산동: 민간종교결사와 권회에 관한 연구』. 고려대학교 출판부.
이향군(1995). 『청대황정연구(淸代荒政硏究)』. 중국농업출판사.
축가정(竺可楨)(1972). 「중국근오천년래기후변천적초보연구(中國近五千年來氣候變遷的初步硏究)」, 『고고학보』, 1972-1.

제 7 장

재난관리의 주요 사례:
일본의 재난관리

1 서론

현대 사회에서 재난관리는 중요성이 더욱 두드러지고 있는 분야이다. 기후변화, 자연재해, 도시화, 인구증가 등의 요인으로 인해 재난의 발생과 그 영향은 이전보다 더욱 증가하고 다양해졌다. 이에 따라 재난관리를 공부하는 학생은 재난에 대한 이해와 준비가 절대적으로 필요하며, 국내·외 재난 사례를 학습하는 것은 매우 중요하다. 이러한 재난 사례의 학습을 통하여 다양한 재난 유형과 그에 따른 대응 전략을 이해할 수 있기 때문이다. 또한 재난은 단지 특정 국가나 특정 지역에서만 발생하기보다는 다양한 국가 및 다양한 장소에서 유사한 재난이 발생할 수 있고, 매우 광범위한 영역에 걸쳐 발생할 수도 있다. 따라서 해외 재난 사례의 분석은 효과적인 전략과 대응 방안을 개발하는 데 도움이 될 것이다. 이 장에서는 일본의 주요 재난 사례와 재난관리 제도를 살펴봄으로써, 재난관리 역량 강화의 기회로 활용되기를 바란다.

2 일본의 자연재해 특성

일본은 자연재해의 발생 빈도가 높고, 그 피해의 정도가 매우 높은 국가로서 알려져 있다. 우선 일본의 지리적 특성과 재해의 특성과의 관계에 대하여 좀 더 살펴보기로 한다.

일본은 매우 활발한 지진활동 지역으로 알려져 있다. 이는 일본이 북아메리카 플레이트, 유라시아 플레이트, 필리핀해 플레이트, 그리고 태평양 플레이트가 만나는 지점에 위치하기 때문이다. 이러한 지질적 특성으로 인해 일본은 지진과 화산의 폭발이 잦게 발생하는 것이며, 국제적인 지진 관측 기관인 미국지질조사국(United States Geological Survey: USGS)에서도 일본이 세계적으로 강력한 지진이 많이 발생하는 지역으로 나타내고 있다.

여기서 일본의 지진재해는 크게 두 가지 유형으로 구분하며, 그 하나는 내륙직하형 지진이다. 지진이 육지 바로 아래에서 발생하기 때문에, 진원[1] 근방에서는 매우 강한 흔들림을 수반한다. 지진의 규모는 매그니튜드[2] 7 정도가 많으며, 큰 피해가 발생하는 곳은 비교적 진원 부근의 한정된 지역에서 발생한다. 인구가 집중하는 평야부에서 발생한다면 다수의 주택이 파괴되어 많은 희생자가 발생하며, 중산간지에서 발생한다면 산사태 및 토사재해, 하천의 막힘 등으로 인한 하류부에 큰 피해를 초래하게 된다. 한신・아와지 대지진(1995)이 이 유형에 해당한다. 또 다른 하나는 해구형 지진이다. 해구형 지진은 매그니튜드 8 정도 규모가 많이 발생하고,

---

1) 진원이란 지진의 원인인 암석 파괴가 시작된 곳을 말하고, 지표상의 지점은 진앙이라 한다.

2) 매그니튜드(magnitude)란 지진의 규모를 나타내기 위해 미국의 지진학자 리히터(Charles F. Richter)가 제안한 단위이다. 진원(震源)에서 100km 지점에 설치한 특정의 지진계로 관측한 지진의 최대 진폭 수치를 상용대수로 표시한 것이다.

지진의 규모가 큰 만큼 강하게 흔들리는 범위가 비교적 넓은 영역에 걸쳐 있지만, 진원이 해저 아래에 있고 육지로부터의 거리로 인해 흔들림은 내륙직하형 지진보다 약한 편에 해당한다. 반면, 진원이 해저 아래에 있기 때문에, 대형 쓰나미를 발생시켜 많은 피해자가 나올 수 있다. 동일본대지진(2011)이 이 유형에 해당한다.

일본은 태풍의 피해가 잦은 국가이다. 일본 기상청에 따르면 일본은 1951년부터 2021년까지 71년 간 연평균 26.1개의 태풍이 발생했고, 11.5개의 태풍이 접근했으며, 연평균 2.9개가 상륙했다고 한다. 태풍은 아열대 저기압이 발달하여 최대 풍속이 17.2m 이상인 것을 말하며, 일본에 많이 태풍이 접근 및 상륙하는 이유로는 지리적 요인과 크게 관계하고 있다. 일본 남동쪽 해상은 열대 또는

그림 7-1 일본의 지질적 특성

출처: USGS 맵을 활용하여 작성.

아열대 저기압이 많이 발생하고, 발달하기 쉬운 곳이기 때문이다.

일본은 산사태가 많이 발생하는 지형적 요인을 가지고 있다. 일본 산림청에 따르면 일본은 산림면적의 비율이 67%에 해당하는 국가이며 급경사지가 많다. 특히, 지진 발생과 강한 비가 동반하는 경우 산지의 토양이 약해짐에 따라 산사태가 종종 발생한다고 한다. 대표적인 일본의 산사태로는 1707년 시즈오카현(静岡縣)에서 발생한 오오야 산사태(大谷崩れ), 1858년 토야마현에서 발생한 톤비야마 산사태(鳶山崩れ), 그리고 1911년 나가노현에서 발생한 히에다야마 산사태(稗田山崩れ)가 있다. 이 중 오오야마 산사태와 톤비야마 산사태는 지진에 의해 연약해진 토양에 호우의 영향이 더해짐에 따라 발생한 것이다.

그림 7-2 일본의 태풍 주요 경로

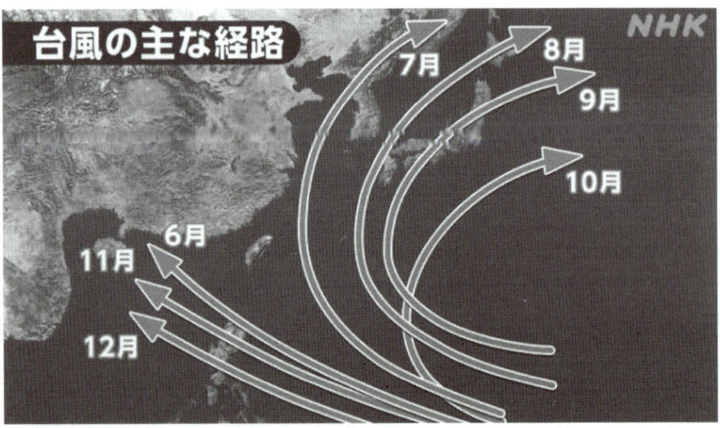

출처: NHK 자료 참조.

그림 7-3 2016년 구마모토 대지진 발생과 산사태

마지막으로, 일본은 길고 복잡한 해안선을 가지고 있으며, 해저에서 지진이 발생하는 경우 쓰나미[3]로 인한 기반시설 및 주민에게 큰 피해를 줄 수 있다. 대표적으로 우리가 잘 알고 있는 2011년 3월에 발생한 동북지방 태평양 먼 바다 지진(동일본 대지진)에 의해 발생한 쓰나미가 대표적이라 말할 수 있다. 당시 쓰나미에 의한 침수범위는 아오모리현, 이와테현, 미야기현, 후쿠시마현, 이바라키현, 치바현의 6개현 52개 시 · 정 · 촌에 걸쳐서 발생하였으며, 또한 면적 561km^{2}가 쓰나미에 의해 침수되었다고 한다.

3) 쓰나미: 지진해일로도 불리며, 지진에 의해 발생한 해일을 말한다.

그림 7-4 일본의 지도 동쪽 일부(아오모리현~치바현)

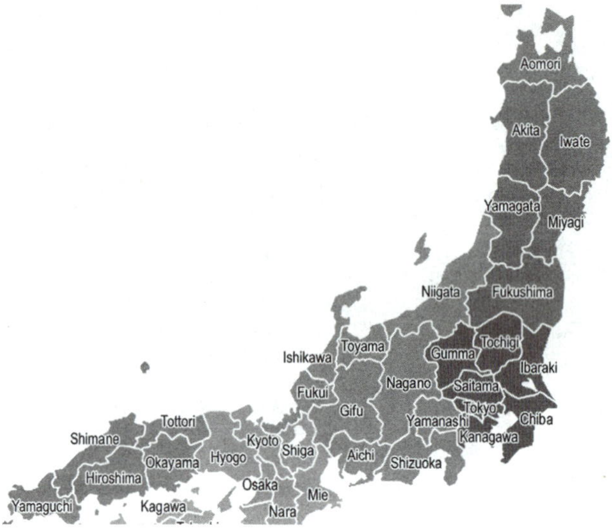

3 대규모 재해와 방재 관련 규정의 변화

국가 및 정부는 대규모 재해로부터 국민의 생명과 재산을 보호하기 위해 노력해야만 한다. 그 노력으로는 과거 재해의 특성을 분석하고, 관련법을 제정하거나 개정하는 것이라 말할 수 있다. 다음의 〈표 7-1〉과 〈표 7-2〉는 1900년대(제2차 세계대전[4] 종전 이후)

4) 1939년부터 1945년까지 유럽, 아시아, 북아프리카, 태평양 등지에서 독일, 이탈리아, 일본을 중심으로 한 추축국과 영국, 프랑스, 미국, 소련, 중국 등

와 2000년대로 구분하여 일본의 주요 재해 사례와 이와 관련하여 법률의 제·개정의 현황을 나타낸 것이다.

일본의 1900년대는 대규모 재해로 인해 방재 관련 법률이 제정 및 개정을 촉발하는 중요한 계기되는 시기였다. 1900년대 초기에는 재해 대응을 위한 체계가 미비하여 재해 발생 시의 대응은 즉흥적이었다고 말할 수 있다. 특히, 1923년의 관동대지진은 일본 사회에 큰 충격과 재해대책에 대한 인식과 법적 근거의 필요성이 대두되는 계기가 되었으며, 사회적·경제적 피해와 더불어 많은 인명피해가 발생하였기 때문이다. 이러한 이유로 일본 정부에게는 재난의 대응 및 관리의 필요성이 강조되는 시기였다.

한편 재해 관련 법률에 해당하는 「재해구조법」은 1923년의 관동대지진으로부터 한참 이후인 1947년에 제정되었으며, 그 계기를 난카이 지진이라 밝히고 있다. 이후 마쿠라자키 태풍 및 카스린 태풍을 계기로 「수방법」이 제정되었으며, 1948년의 후쿠이 지진을 계기로 1950년에는 「건축기준법」이 제정되었다. 또한 1959년에 발생한 이세만 태풍으로 인하여 종합적인 재해대책의 필요성이 대두되었으며, 1962년에 재해를 종합적으로 관리하기 위한 「재해대책기본법」의 제정되었다. 이후 실질적으로 이 법률을 운용하기 위한 중앙방재회의 설치와 더불어 방재기본계획이 마련되었다. 더불어 심각한 재해가 발생할 경우를 대비하여 「격심재해에 대처하기 위한 특별의 재정원조 등에 관한 법률」도 제정되었다.

이러한 노력에도 불구하고 자연재해로 인한 피해는 계속 발생

을 중심으로 한 연합국 사이에 벌어진 세계 규모의 전쟁이다.

하였고, 각각의 재해로부터 얻은 교훈을 통하여 제도의 문제점을 개선하고자 새로운 법을 제정하거나 기존의 법을 개정하는 등의 노력이 계속되었다. 한편 1995년에 발생한 한신·아와지 대지진, 그리고 2011년에 발생한 동일본대지진은 기존의 재난관리제도에 있어서 예상하지 못한 문제점이 다수 확인된 재해 사례로서 상대적으로 많은 법의 제정과 개정이 이루어졌다. 각자 〈표 7-1〉과 〈표 7-2〉의 내용을 통하여 어떠한 재난 관련 법률이 제정되었는지, 이러한 왜 제정되었는지에 대해서 고민을 해보길 바란다.

표 7-1 1900년대 주요 재해과 재해 관련 법제도의 변천

연대	발생 연도/주요 재해	재해대책에 관한 주요 법제도	비고
1940	45 마쿠라자키(枕崎) 태풍		
	46 난카이(南海) 지진		
	47 카스린(カスリーン) 태풍	47 「재해구조법」	난카이 지진을 계기
	48 후쿠이(福井) 지진		
		49 「수방법」	마쿠라자키, 카스린 태풍을 계기
1950		50 「건축기준법」	후쿠이 지진을 계기
	59 이세만(伊勢湾) 태풍		
1960	60 호우	60 「치산치수긴급조치법」	이세만 태풍을 계기
		61 「재해대책기본법」 62 중앙방재회의 설치 63 방재기본계획	
		62 「격심재해에 대처하기 위한 특별의 재정원조 등에 관한 법률」	
		62 「호우지대대책특별조치법」	호우를 계기

	64 니이가타(新潟) 지진		
		66 「지진보험에 관한 법률」	니이가타 지진을 계기
	67 우에쯔(羽越) 호우		
1970	73 사쿠라(桜島) 분화 아사마(浅間)산 분화	73 「재해의연금의 지급 등에 관한 법률」 73 「활동화산주변지역에서 피난시설 등의 정비 등에 관한 법률」	우에쯔 호우를 계기 아사마산 분화를 계기
	76 토카이(東海)지진 발생 가능성 연구 발표(지진학회)		
	78 미야기현 먼 바다 지진	78 「대규모지진대책특별조치법」	지진학회 연구 발표를 계기
1980		80 「지진방재대책강화지역에서 지진대책긴급정비사업에 관한 국가의 재정상의 특별조치에 관한 법률」	지진학회 연구 발표를 계기
		81 「건축기준법시행령」 일부 개정 (새로운 내진설계 기준의 도입)	미야기현 먼 바다 지진을 계기
1990	95 효고현(兵庫県) 남부 지진(한신·아와지 대지진)	95 「지진방재대책특별조치법」 「건축물의 내진개수의 촉진에 관한 법률」 「재해대책기본법」 일부 개정 96 「특정비상재해의 피재자[5] 의 권리이익의 보전 등을 도모하기 위한 특별조치에 관한 법률」 97 「밀집시가지에서 방재지역의 정비의 촉진에 관한 법률」 98 「피재자생활재건지원법」	한신·아와지 대지진을 계기로 개정

	99 히로시마(広島) 호우 JCO 임계사고	99 「원자력재해대책특별조치법」	JCO 임계사고를 계기

출처: 2021년판 방재백서 부속자료26 참조.

표 7-2 2000년대 주요 재해와 재해 관련 법제도의 변천

연대	발생 연도/주요 재해	재해대책에 관한 주요 법제도	비고
2000	00 토카이(東海) 태풍	00 「토사재해경계구역 등에서 토사재해 방지대책의 추진에 관한 법률」	히로시마 호우를 계기
		01 「수방법」 일부개정 03 「특정도시하천침수피해대책법」	토카이 태풍을 계기
	04 니카타・후쿠시마(新潟・福島) 호우		
	04 니카타 주에츠(新潟県中越) 지진	05 「수방법」 일부개정 「토사재해경계구역 등에서 토사재해 방지대책의 추진에 관한 법률」 일부개정	니카타・후쿠시마 호우를 계기
		05 「건축물의 내진개수의 촉진에 관한 법률」 일부개정 06 「택지조성 등 규제법」 일부개정	니카타 주에츠 지진을 계기
	08 이와테・미야기현 내륙 지진	11 「토사재해경계구역 등에서 토사재해 방지대책의 추진에 관한 법률」 일부개정	이와테・미야기현 내륙 지진을 계기
2010	11 동북지방태평양먼 바다 지진 (동일본대지진)	11 「쓰나미대책의 추진에 관한 법률」 「쓰나미방재지역만들기에 관한 법률」 12 「재해대책기본법」 일부개정 「원자력규제위원회설치법」	동일본 대지진을 계기

5) 피재자: 재해로부터 피해를 입은 사람.

		13 「재해대책기본법」 일부개정 「대규모재해의 복흥에 관한 법률」 「건축물의 내진개수의 촉진에 관한 법률」 일부개정 「수방법」·「하천법」·「해안법」 일부개정 「대규모재해피해지역의 차지차가[6]에 관한 특별조치법」 15 「재해대책기본법」 일부개정	
	14 호우 히로시마 토사재해	14 「재해대책기본법」 일부개정	호우를 계기
		14 「토사재해경계구역 등에서 토사재해 방지대책의 추진에 관한 법률」 일부개정	히로시마 토사재해를 계기
	온타케산(御嶽山) 분화	15 「활동화산대책특별조치법」 일부개정	온타케산 분화를 계기
	16 구마모토 지진 태풍 10호	17 「수방법 등의 일부를 개정하는 법률」	태풍 10호를 계기
		18 「재해구조법」 일부개정 「재해대책기본법」 일부개정	구마모토 지진을 계기
	19 보우소우반도(房総半島) 태풍, 동일본 태풍		
2020	20 7월 호우	20 「도시재생특별조치법 등」 일부개정	
		20 「피재자생활재건지원법」 일부개정 21 「재해대책기본법 등」 일부개정 「특정도시하천침수대책법 등」 일부개정	7월 호우를 계기로 보우소우반도 태풍, 동일본 태풍, 7월 호우를 계기

출처: 2021년판 방재백서 부속자료26 참조.

6) 차지차가(借地借家): 토지 및 주택의 임차를 말함.

4 일본의 과거 자연재해와 교훈

2011년 3월 일본 내각부(방재담당)로부터 과거 일본의 재해사를 정리한 책자가 발간[7]되었다. 제목은 『재해사를 배우자』이며, 해구형 지진 및 쓰나미편, 내륙직하형 지진편, 화산편, 풍수해 및 재해편의 네 개의 편으로 구분된다. 각각의 편에는 과거 주요 재해 사례 및 교훈 등이 상세히 정리되어 있으며, 눈에 띄는 것으로는 우리가 재해사를 학습해야만 하는 배경이다. 이는 '그 재해를 두 번 다시 반복하고 싶지 않다, 그러기 위해서는 과거로 되돌아가, 과거의 재해로부터 배우는 것이 매우 중요하다'라고 밝히고 있다.

재난 분야에 관심이 있거나 재난관리 분야를 공부하는 학생 또는 연구자는 비교적 근래에 발생한 동일본대지진(2011)의 재해 특성 및 그 교훈에 대해서는 익숙할 수도 있다. 그러나 지진재해라 하더라도 각각의 재해가 가지고 있는 특성이 다르기에, 다양한 재해사를 학습하는 것은 재해를 사전 예방하고 대비할 수 있는 역량 강화에 큰 도움이 되리라 생각된다. 여기서는 약 100년 전에 발생하였고, 일본 사상 최악의 자연재해로 평가되고 있는 관동대지진을 소개하고자 한다.

---

7) 내각부는 '재해교훈의 계승에 관한 전문위원회'가 8년 간에 걸쳐 25회의 보고서를 작성하였기에, 책자의 발간이 가능하였다고 밝히고 있다.

1) 지진과 피해

1923년 9월 1일 규모 M 7.9의 관동대지진[8]이 발생하였다. 이는 내륙직하형 지진과 해구형 지진의 특징을 모두 가진 매우 드문 지진에 해당한다. 진원의 직상부는 하코네와 탄자와[9] 등의 중산간지에 해당하지만, 인구가 집중하고 있는 수도권과 가깝기에 다양한 형태의 지진 피해가 발생하였다. 관동대지진은 피해 규모도 크지만, 피해의 종류 또한 흔들림에 의한 피해, 화재, 토사재해, 지반재해, 그리고 쓰나미 재해와 같이 다방면에 걸쳐 있다.

관동대지진의 사망자 수와 주택의 피해 동수를 살펴보면, 사망 및 행방불명자는 약 10만 5천 명으로, 이 중 화재로 인한 사망자가 9만 2천 명, 흔들림에 의한 주택 붕괴가 원인이 된 사망자가 1만 1천 명, 그 밖에 토사재해에 의한 사망자 700~800명과 쓰나미에 의한 사망자 200~300명으로 집계되었다. 지역별로 살펴보면 진원지역에 해당하는 가나가와현과 도쿄시를 포함한 도쿄부에서 각각 약 50%의 비율로 사망자가 발생하였다. 또한 지진의 흔들림으로 인해 전괴[10]한 주택 수는 약 11만 동으로 추정하고 있다.

관동대지진은 누구나 화재의 이미지를 생각할 정도로 화재로 인한 피해가 가장 컸으며, 사망자 88%의 원인이 화재였다. 그 이유를 살펴보면, 당시 도쿄와 요코하마는 인구가 많고 목조 가옥이

---

8) 일본어 발음으로는 '간토대지진'이라 불리며, 우리나라가 일제 강점기인 시기에 발생한 대지진이다.

9) 하코네(箱根)와 탄자와(丹澤)는 가나가와현(神奈川縣) 서쪽 끝에 있는 산지이며, 서쪽으로 후지산이 있다.

10) 전괴(全潰): 전체가 완전 파괴됨.

초과밀의 상태였다. 당일의 날씨는 태풍이 저기압으로 변한 상태로서, 풍속 10m/s를 넘는 강풍이 불고 있었으며, 풍향이 시시각각 변하였다고 한다. 또한 지진이 발생한 시각은 점심 준비로 불의 사용이 집중되던 시간이었다.

거대한 지진의 발생은 거대한 흔들림, 주택의 붕괴, 화재, 그리고 급격한 연소(延燒)[11]로 인한 대규모 도시화재로 전개되었다. 한편, 화재는 주거지뿐만 아니라 산업시설 및 군사시설 등에도 큰 피해를 주었다. 특히, 석유 창고, 휘발유 창고나 석탄저장소의 화재는 10일 이상 연소(燃燒)가 지속되었으며, 시나가와현 요코스카항(横須賀港)에서는 해군 중유조가 파괴되고, 이로 인해 불이 옮겨 붙어 저장 중이던 중유 8만 톤이 화염을 일으키며 부류(浮流)[12]하여, 해상 한쪽 면이 불바다처럼 되었다고 한다.

여기서 많은 사상자가 발생한 피난 장소의 특징을 정리해보면, 화염에 쫓겨서 다리 중심부, 학교 교정, 사원 부지, 역사나 은행의 주변 등 비교적 좁은 공지나 그곳의 건물로 피신한 사람들이 결국 화염에 의해 사망한 경우가 많았다고 한다. 다만, 예외적인 사례도 있었으니, 도쿄 시내의 육군 피복 창고와 요코하마 시내의 공원은 비교적 넓은 공터였고, 두 곳은 주변이 전부 연소지역에 포함 된 것과 수만 명에 이르는 피난민이 쇄도한 것 등 공통점이 많았으나, 피해 상황은 명암이 갈렸다고 한다. 피복 창고의 경우 피난민이 나른 가재도구로 빈틈없이 들어차 있었으며, 강풍과 함께 화염 회오리가 덮쳐 불티가 대량의 가연물에 불이 붙었으며, 순간

11) 연소(延燒)와 연소(燃燒)는 다른 의미로 사용됨으로 구분해야 함.
12) 부류(浮流): 위에 떠올라 흘러감.

적으로 불이 치솟아 도망갈 장소를 잃은 피난자 약 3만 8천 명이 목숨을 잃었다고 한다. 한편, 요코하마 공원에서도 화염 회오리가 발생하여 불타던 부스러기가 비와 같이 내렸고 공원 내의 건물 또한 타버렸으나, 피복 창고와는 대조적으로 거의 사망자를 내지 않았다고 한다. 물론 수목이 많은 점이라든지 수도관 파열로 생긴 물웅덩이가 생겼다는 차이는 있었지만, 요코하마 공원의 피난자는 가재도구를 챙길 여유가 없어 급하게 피난한 것이 다행이라 평가되고 있다.

관동대지진의 교훈을 통해 지진에 취약한 벽돌조가 없어지고, 철근 콘크리트조가 대규모 건물의 주류가 되었다. 또한 1924년의 「시가지건축물법」이 개정되어, 일본 최초의 내진기준이 마련되었으며, 오늘날의 일본 「건축기준법」의 기초가 되었다. 도쿄와 요코하마의 화재 상황을 자세히 살펴보면 화재로 사망하거나, 화재를 피해서 강, 연못, 바다에서 익사한 사람들의 분포는 주택 전괴율이 높은 지역과 놀라울 정도로 일치하는 것으로 나타났다. 또한 주택 전괴율이 높은 요코하마시가 도쿄시와 비교하여 연소화재로 이어진 출화점 밀도가 훨씬 높다는 것을 알 수 있었다. 여기서 초기 소화의 어려움과 연소(延燒) 확대를 증대시킨 요인을 확인할 수 있으며, 지진 후의 대화재를 막기 위해서는 건물의 내진화(耐震化)와 더불어 불연화(不燃化)가 함께 필요하다는 것을 알게 되었다. 또한 피난 시에 있어서 가재도구 이송의 문제와 위험물 밀집지역에 대한 피해의 징조에 대한 문제가 확인되었다. 그 밖에 매립지 등 인공지반의 배려의 필요성, 지반 조건에 따라 흔들림 차이가 발생한다는 점, 여진활동에 따른 대비의 필요성, 진원으로부터 먼 거리라도 액

상화의 위험 등이 확인되었으며, 또한 피난 경험을 통한 쓰나미 피난에 대한 계발활동 등이 지적되었다.

2) 구조 및 구호활동

관동대지진은 도쿄 및 요코하마의 대도시, 그리고 치바현(千葉縣) 남부와 쇼난(湘南)[13]지역 등 매우 넓은 범위에 걸쳐 심각한 피해가 발생했다. 도시지역에서 연소화재가 발생했기 때문에, 붕괴 건물의 구출, 부상자의 치료와 함께 소방활동은 당면한 중요한 과제가 되었다. 또한 피해지역에서 가옥과 식량을 잃었고, 교통기관이나 다리의 피해에 의해 지역 밖으로 탈출이나 지역 밖으로부터의 물자의 반입도 어려웠다. 당시에는 소방활동이나 보건소의 일도 경찰이 담당하고 있었으며, 지진재해로부터 주민을 보호하는 임무도 경찰의 역할이었지만, 내무성과 경시청이 불에 의해 소실[14]되었기에, 이러한 임무를 수행하기 역부족인 상황이었다고 한다. 큰 재해 시에는 군대가 경찰을 도울 것으로 예상되었지만, 당시에는 재해 시의 출동은 주요 임무가 아니었으며 준비도 충분하지 않았다고 한다.

각지에서 구호활동이 이루어졌고, 지방공공단체가 재해자나 지역주민 구호의 공적인 담당이었다. 경시청 소방부와 주민의 소화활동에도 불구하고 도쿄의 연소화재는 지진발생으로부터 2일 간 계속되었다. 도쿄의 소실 범위를 설명하면, 현재 도쿄타워와 스카

---

13) 일본 가나가와현(神奈川縣)의 해안 지대.
14) 소실(燒失)이란 불에 타 없어짐을 말함.

이트리를 연결하여, 이를 대각선하는 사각형을 그리면 소실 범위에 해당한다고 한다. 지방자치단체와 경시청으로부터 구조활동이 수행되었으나, 시내 인구 약 250만 명 중 150만 명이 화재로 집을 잃은 상황이었기에, 밥이나 건빵과 같은 식량을 배급받은 피해자는 10명 중 1명 정도였으며, 지인이나 알지 못하는 피해자를 집에 머물게 하고 음식을 제공하는 것이 구호의 중심이 되었다고 한다.

시대적으로 자동차는 아직 일반적인 교통수단이 아니었으며, 도시에는 노면전차, 도시 근교에는 전차, 장거리용으로 기차가 주요 교통수단이었다. 일부 구호물자나 피해환자의 수송은 자동차를 이용하였지만, 피난, 구호, 복구를 위한 본격적인 수송은 철도가 주요 교통수단이었다. 다만, 철도 또한 피해를 입었기에 복구작업 이후 열차가 운행된 것은 재해로부터 5일이 지나서야 도쿄의 비소실지역을 중심으로 열차가 운행되었고, 7일째에는 요코하마까지 복구되어, 피해자가 지역 밖으로 피난하는 것과 구호물자의 운송이 본격화되었다고 한다. 이때 비소실지역로 피난했던 100만 명 이상의 피해자는 도쿄를 떠나 고향으로 돌아갔다고 한다.

도쿄에서는 6일쯤부터 철도역에서 구호물자를 내리고, 배로 운반된 구호물자가 도쿄항(시바우라, 芝浦)을 통해 배급되기 시작되었으며, 이때 전국에서 응원 온 재향군인회와 청년단이 활약하였다고 한다. 다만, 피해자를 유상으로 고용하는 것이 좋다는 의견에 따라 재향군인회 본부는 14일부터는 응원의 접수를 중지했다고 한다. 한편, 일본적십자사의 각 지역이나 지역 지부로부터 중앙의 지시를 기다리지 않고, 의료구조팀을 파견하여 지진으로부터 3일 이후 도착하였으며, 우에노 공원(上野公園) 등과 같이 수요가 큰 장소에 치료를 시작하였다. 반면, 경시청 지시에 따른 팀은 걸어서 이동하였기에, 충분한 재료, 약품, 기구를 가지지 못한 채 피해가 심각한 고토지구(江東地區)에 보내졌으며, 하루 만에 재료 및 약품을 소모하고, 재료 및 약품의 보충과 식량도 얻지 못하는 상황이 발생하기도 했다. 이후에 철도와 선박을 통해서 본격적인 정비를 가진 팀이 도착함에 따라 지친 팀과 교체하여 의료구호소를 정비할 수 있었다고 한다.

관동대지진으로 도쿄를 비롯한 관동 일대에 치명적인 타격을 입혔고, 계엄령이 선포된 가운데 유언비어로 인해 현지 조선인들은 지진으로 인한 피해보다 더 끔찍한 만행의 표적이 되었다. 〈요미우리신문〉은 일본 정부 중앙방재회의가 정리한 보고서(2008)를 인용하여 '간토 대지진의 교훈(5)' 제목의 기사를 작성하였다. 그 내용에 따르면 "대지진 당시 '조선인이 폭동을 일으켰다', '우물에 독을 탔다'는 등의 유언비어를 듣고, 각지에서 자경단[15]을 결성해 일본도나 낫 등으로 무장하여 재일조선인을 무작위로 신문하고, 묶고, 폭행을 가해 죽음을 이르게 했다"라는 내용이다. 이는 당시의 문제로만 국한된 것이 아니라 2011년 동일본대지진에서도 '외국인이 물자를 몽땅 빼돌려 피난소가 폐쇄되었다'라는 유언비어가 인터넷에 퍼지면서 외국인 혐오 정서가 일었다고 한다.

이상으로 관동대지진에 대해 구조 및 구호활동의 측면에서 당시의 상황을 간략히 설명하였다. 앞으로 유사한 재해피해가 발생

15) 자경단(自警團)이란 심각한 범죄, 폭동, 전쟁 등이 일어나거나 치안 공백이 발생했을 때, 시민들 중 일부가 치안을 유지하기 위해 경찰조직을 참칭하며 구성하는 자발적 결사체를 말한다.

했을 경우를 대비하여, 우리 스스로 피해를 최소화하는 방안을 모색해야 하며, 이는 과거 재해피해 사례의 분석을 통하여 그 방안을 마련하는 것이 가능할 것이라 생각된다. 앞선 사례에 대하여 다음과 같은 관점에서 각자 생각해보기를 바란다. 예상을 초과하는 재해에 대한 대응, 기술의 진척에 대한 과신과 도시의 취약성, 재해상황의 신속한 파악과 정보전달의 중요성, 유언비어에 대한 대응, 그리고 민간 봉사활동의 중요성이다.

그림 7-5 도쿄 주변의 지명

출처: Google Map 활용.

5 일본의 재해대책기본법의 제정 과정

일본의 「재해대책기본법」은 일본 재난관리제도의 근간이 되는 법률이라 말할 수 있다. 이러한 법률이 어떠한 배경에서 만들어진 것인지 상세히 살펴보고자 한다.

1) 제정 당시의 배경

일본의 「재해대책기본법」[16]은 제2차 세계대전의 종결 이후 법이 제정되었으며, 이 법이 제정되기 이전의 재해 상황은 다음과 같다.

일본은 제2차 세계대전(1939~1945) 전후로 재해로 인한 피해가 급증하고 있었으며, 지진과 태풍과 같은 자연 환경에 따른 것과 더불어 인위적인 것이 있었다. 일본은 당시 긴 전쟁으로 많은 산림의 벌채가 진행되었고, 이 기간 치수 사업도 중단되었으며, 그리고 다양한 법적 규제 완화가 이루어졌다. 이는 당시에 재해 피해 급증의 원인으로 지적되고 있다.

당시 일본의 재해대책은 '예방', '응급조치', '복구'라는 세 개의 주축으로 구분되며, 각각의 축에서의 산적된 많은 문제가 종국적

16) 재해대책기본법(災害對策基本法): 일본의 재해관리와 대응에 대한 기본적인 원칙과 방향을 제시하는 법률로서 1961년에 제정되었다. 우리나라의 「재난 및 안전관리 기본법」에 해당하는 법률이다.

으로 재해로 이어진 것이라 평가되고 있다. 먼저, '예방'에서는 과학성이나 합리성의 결여라 말할 수 있으며, 그 예로 태풍의 진로를 예측하는 기술의 부재, 기상통보에 대한 책임 있는 체제의 부재, 그리고 백여 건의 방재관계법률이 제각각이어서 관련성과 종합성이 없는 점 등이 있다. '응급조치'에서는 법령이 체계화되지 않았다는 점, 시·정·촌[17]이나 현[18] 등 각 행정기관의 법적 권한과 그 경계가 모호했던 점, 그리고 각 기관의 책임과 의무가 불분명했다는 점을 말할 수 있다. 구체적인 예로서 당시에는 태풍에 따른 피난명령 및 퇴거명령을 발령할 수 있는 권한이 시·정·촌장에 없었다고 한다. '재해복구'의 경우, 국가의 법령이 모든 제도를 갖추고 있었고, 지사[19]나 시·정·촌장이 재해복구에 큰 관심을 가지는 등 비교적 정비가 진행되었다고 평가되고 있다. 그러나 큰 재해 때마다 특별법이 입법되거나, 재해피해의 규모가 유사하더라도 그 원조에서 차이가 발생한다거나, 그리고 재해 이전의 형태로 복구한다는 원형 복구주의를 취함으로써, 같은 규모의 자연 현상에도 피해가 반복된다는 문제가 존재하였다.

---

17) 시·정·촌(市町村): 일본의 기초 행정구역 체계의 단위이며, 기능적 측면에서 우리나라의 기초자치단체인 시·군·구와 유사하며, 규모적 측면에서 읍·면·동과 유사하다.

18) 현(縣): 일본의 광역자치단체는 총 47개로 1개의 도(都), 1개의 도(道), 2개의 부(府), 43개의 현(縣)으로 이루어져 있다. 우라나라의 광역자치단체인 도(道)에 해당하는 행정구역과 유사하다.

19) 지사(知事): 도·도·부·현 지사는 일본의 지방공공단체인 도·도·부·현의 수장이다. 이를 단순히 지사라고도 한다.

2) 재해대책기본법의 제정 경위

1959년 9월 일본 중부지역은 대형 태풍[20]으로 막대한 피해를 당하게 된다. 방재체제 미비 등 인재의 측면이 있었다고 비판을 받았으며, 신문 보도 등을 통하여 국가의 방재체제 정비를 요구하는 목소리가 높아졌다. 이에 따라 일본 정부 내부에서도 방재행정의 재검토를 요구하는 목소리가 높아졌으며, 1960년 5월 내각심의실[21]은 '재해대책의 정비 및 추진에 관한 법안'을 마련했다.

이 법안은 관계성청[22]에 방재관[23]을 설치하는 것과 국가 및 지방에 방재회의를 설치 것 등이 주요 내용이다. 다만, 당시 이 법안은 다양한 비판과 함께 자민당[24]의 양해를 얻지 못하였다. 대표적으로 개선되어야 할 문제점으로는 다음과 같은 것이 제기되었다. 재난관리를 위해 왜 이러한 것들이 필요한지 각자 생각해보길 바란다.

- 각 성의 현행 권한을 언급하지 않아서, 현행 체제의 잘못이 고쳐지지 않음

20) 이세만 태풍: 1959년 9월 26일부터 9월 28일까지 일본을 강타한 대형 태풍으로, 일본의 중부지역과 이세만(伊勢湾)이라는 지역에 큰 피해를 초래한 태풍이다. 이세만은 일본의 혼슈 중앙부에 있는 대규모의 내항으로, 대도시 나고야를 품고 있다.

21) 내각심의실: 일본의 중앙정부 내에서 내각 관련 사안을 논의하고 심의하는 기관으로, 일본 내각의 의사결정과 실행을 지원하고, 정책과 법률 등에 관한 연구 및 조정을 담당한다.

22) 관계성청(關係省廳): 우리나라 정부조직에서 부처(部處)에 해당한다.

23) 방재관(防災管): 방재를 관리하는 담당.

24) 자민당: 자유민주당(自由民主党)을 칭하는 것으로 1955년 결성된 일본의 정당으로, 2023년 7월 현재 기시다 후미오(岸田文雄) 총리의 소속정당이다.

- 단순히 재해대책본부를 제도화하는 것이 중요한 것이 아니라, 각 성에서 가지고 있는 권한 일부를 일괄적으로 재해대책본부장에게 부여해야 함
- 자위대, 경찰, 소방의 직무와 책임을 확대하고, 재해 시에 이들을 재해대책본부장 지휘 하에 포함해야 함
- 지사(知事)에게 보다 강력한 권한을 부여해야 함
- 만일의 경우 인력, 물자 동원 징발체제를 갖춰 둘 필요가 있음

이후 자민당은 정책조사회 내부에 소위원회를 설치하여 당내 생각과 계획을 정리하는 한편, 자치성과 행정관리청이 제출한 의견을 참고로 하여, 독자의 법안을 작성하였다. 일부 조정을 거쳐 최종적으로는 1961년 정기국회에서 정부 제출 법안으로 제출하였으나 이 법안은 통과하지 못하였고, 같은 해 임시국회에서 정부로부터 다시 제출되어 그해 10월 31일 통과하였다.

3) 제정 시의 법의 주요 내용

법안의 제정에 있어서 다음 세 가지 사항에 유의하였다고 한다. 이는 중앙의 종합적인 기본계획을 기초로 하고, 각 지역의 사정에 따라 도・도・부・현 및 시・정・촌을 중심으로 관계기관이 상호 협력하고, 국가의 총력을 다해 재해에 대처하는 체제를 정비하기 위한 노력한다는 것이다.

(1) 재해대책의 종합화 방안

재해대책 관련 법규를 종합적 체계적으로 규정하고, 이를 기초하여 활동을 조직화하는 것이 필요하다. 특히, 재해대책에 관하여 정부, 지방공공단체, 공공기관 및 주민에 대한 책임을 명확히 하고, 동시에 국가 및 지방공공단체가 특히 배려해야 하는 중점사항을 기재함으로써, 이 법률과 재해대책에 관한 다른 법률과의 관계를 분명히 하고자 노력하였다. 또한 그 종합적인 협력과 신속하고 적절한 계획적 활동을 확보하기 위하여, 국가에는 중앙방재회의, 도·도·부·현 및 시·정·촌에는 방재회의를 설치하고, 재해가 발생한 경우 국가에는 비상재해대책본부, 도·도·부·현에는 재해대책본부를 설치하기로 하였다.

(2) 재해대책의 계획화 방안

재해로부터 피해를 경감하기 위해서는 평상시부터 주도면밀한 계획을 세워야만 한다. 관계기관은 긴밀한 연락 및 조정을 통하여 필요한 제반 준비와 더불어 훈련을 시행함으로써, 적시에 적절한 응급대책을 수행할 수 있는 체제를 갖추어야만 한다. 그래서 중앙 및 지방의 관계기관에 방재계획 작성을 의무화하고, 이를 토대로 계획적으로 재해대책을 실시하기로 했다. 구체적으로는 중앙방재회의가 방재기본계획을 작성하고, 이에 기초하여 지정행정기관·지정공공기관이 방재업무계획을 작성하고, 도·도·부·현 및 시·정·촌 방재회의가 지역방재계획을 작성하게 함으로써, 이들의 계획이 상호 간에 모순되지 않고 체계적이며 유효하게 작동하도록 하였다.

(3) 심각한 재해를 대처하는 체제의 확립

재해대책의 긴급성에 비추어, 재해가 국가의 경제 및 사회질서 유지에 중대한 영향을 미치는 비정상적이고 극심한 것일 경우에는 내각총리대신[25]은 긴급사태를 선포하고 긴급재해대책본부를 설치할 수 있다. 또한 긴급을 요구하는 때로서 국회가 폐회 중이고, 임시국회를 소집할 틈이 없는 때에는 물자의 배급, 양도인도의 제한 또는 금지, 가격 등의 최고액 결정, 금전채무의 지급연기 및 권리기간 연장에 관하여 정령으로 긴급조치를 취할 수 있도록 하였다. 다만, 당시에는 이 긴급사태에 관한 규정에 대해서는 전쟁 전의 계엄령 등에 대한 경계심도 높았기 때문에, 초기 법안의 성립 시에는 목차 구성만이 기록되었으며, 개정을 그 내용이 수반되었다고 한다.

(4) 방재기본계획의 작성

앞서 재해 관련 법제도의 변천 과정을 통해서 「재난대책기본법」의 제정과 더불어 중앙방재회의 설치 및 방재기본계획의 작성에 대해 확인하였다. 여기서 방재기본계획이 무엇인지 좀 더 살펴보면, 정부가 재해 위험을 완화하고 피해를 최소화하기 위해 사전에 마련한 계획이며, 중앙방재회의에서 작성하도록 되어 있다.

방재기본계획의 특징은 정부의 방재정책에 관한 기본적인 계획이 포함되었다는 것이며, 재해의 종류에 따라 좋은 대책과 방법을

25) 내각총리대신(內閣總理大臣): 동아시아에서 일본식 내각책임제를 채택한 입헌군주제 국가들의 실질적인 정부수반직이다. 일반적으로 총리 또는 수상이라고 부른다. 일본 집권 여당의 당대표이자 일본의 총리를 가리킨다.

강구[26]할 수 있도록 구성되어 있다는 것과 재해예방 및 사전준비, 재해응급대책, 재해복구 및 부흥이라는 재해대책의 시간적 흐름에 따라서 기술하고 있다는 것이다. 또한 국가, 지방공공단체, 주민 등의 각 주체에 대한 책임과 임무를 명확하게 나타내는 것과 동시에, 각각이 실시해야 할 대책을 가능한 한 구체적으로 기술하고 있다.

이 계획은 도시화, 고령화, 국제화, 정보화 등의 사회・경제구조의 변화에 충분히 배려하고, 항상 적확하고 적절한 대응을 도모할 수 있도록 노력하고 있다고 밝히고 있으며, 지속적인 개정을 통하여 이러한 점을 반영하고자 노력하고 있다고도 밝히고 있다.

그림 7-6 일본 방재기본계획의 구성

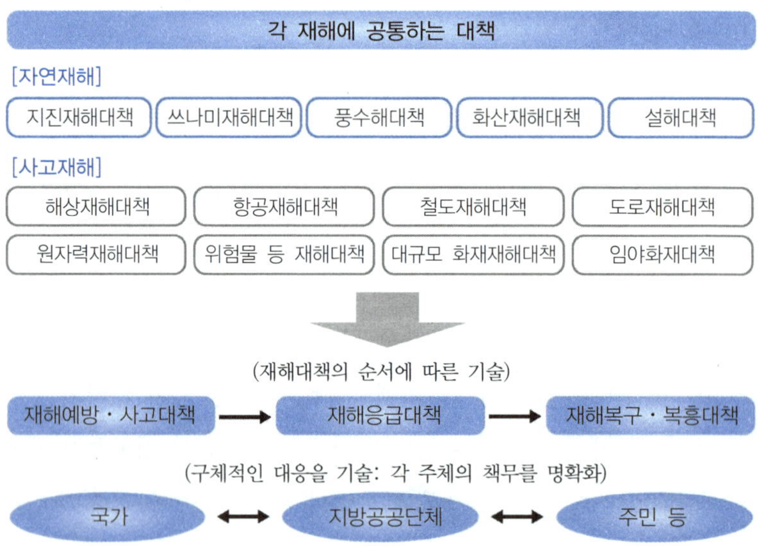

26) 강구(講究)하다의 뜻은 '좋은 대책과 방법을 궁리하여 찾아내거나 좋은 대책을 세우다'이다.

6 맺음말

이 장에서는 일본의 지리적 특성, 자연재해의 특성, 그리고 관동대지진이라는 재해 사례에 대하여 살펴보았다. 또한 다양한 재해의 경험과 더불어 일본의 재난 관련 법령이 어떻게 제정 및 개정되었는지 살펴보았다. 해외의 재해 사례 및 관련 법률의 제정 및 개정 과정을 살펴봄으로써 재난에 대비하는 역량이 강화된다고 생각된다. 이 장의 내용을 살펴본 후 다음과 같은 내용에 대해서도 각자 생각해 보기를 바란다.

- 재해를 대비하기 위해서는 구체적으로 피해를 상정한 방재계획이나 훈련은 중요하다. 다만, 재해가 예상대로만 발생하는 것은 아니다. 그렇다면 우리가 어떻게 미래의 재해를 대비할 수 있을지 각자 생각해보자.
- 관동대지진에 발생할 무렵에는 사람들이 기술의 진보를 과신함에 따라 재해를 견딜 힘이 상대적으로 저하되었다고 한다. 기술의 발전과 재해를 견디는 것 능력과의 상관관계에 대해서도 생각해보기를 바란다.
- 재해에 대한 전체 상황을 파악할 수 없는 경우에는 재해에 대한 대응을 잘 못 하게하고, 뿐만 아니라 사람들이 이러한 공포를 더욱 부추겼다고 한다. 재해 시에 있어서 정보 수집 및 정보 분석 능력이 왜 중요한가를 각자 확인하길 바란다.
- 재해 시의 유언비어는 또 다른 피해를 야기한다. 관동대지

진의 경우에도 유언비어로 인한 조선인의 피해가 매우 심각하였다. 이에 대해 당시에는 방송 매체가 없기 때문에 유언비어의 피해가 발생하였다고 하나, 최근 동일본대지진에서도 악의적인 유언비어가 인터넷상에서 횡횡하였다고 한다. 이러한 부분을 우리가 어떻게 해결할 수 있는지 각자 생각해보기를 바란다.

- 재해지역에서는 구호단체로부터의 지원이 물론 중요하지만, 구호단체가 아닌 피해지역 주변의 주민들로부터의 도움도 역시 중요하다고 한다. 언제 누구에게나 재해의 피해가 발생할 수 있기 때문에, 누구나 재해에 대비해야만 하는 것이다. 각자 재해에 대해 어떠한 대비를 하고 있는지 또는 할 수 있는지에 대해 생각해보기를 바란다.

참고문헌

氣象廳 氣象研究所(2020.11). 台風・災害氣象研究部TOP, 台風と海水溫の關係.

內閣府 防災情報のページ, 記者發表・公表資料一覽.

內閣府 防災情報のページ, 防災基本計畫.

內閣府 防災情報のページ, 災害教訓の継承に關する專門調査會.

內閣府 防災情報のページ, 災害對応資料集&災害復興對策事例集.

內閣府 防災情報のページ, 特集 東日本大震災.

藤田正治(京都大學防災研究所). 地震時及び地震後の土砂災害に備える.

林野廳ホームページ(2017.3.31).『都道府縣別森林率・人工林率』.

防災白書, 付屬資料26, 2021年版.

福島地方氣象台(2022.9). 氣象に關する參考資料: エルニーニョ現象・ラニーニャ現象について.

一般社団法人國土技術研究センター, 台風の進路にある日本.

災害對策基本法, 令和五年法律第五十八号による改正.

中央防災會議(2011.3). 災害史に學ぶ「災害教訓の継承に關する專門調査會」編, 海洋型地震・津波編.

中央防災會議, 防災基本計畫, 令和 5年5月.

總務省消防廳, 特集1 災害對策基本法の制定から現在までの主な改正の経緯について, 消防の動き 2022年 4月号.

Frameillust(かわいい無料イラスト素材集).【英語表記: 都道府縣名入り】日本地図のイラスト(地方區分色分け) 영문지도.

IKEDA(2020.2.14). 防災士のコラム, 災害に學ぶ ④ 熊本地震(2016年). 사진.

The JoongAng(2023.6.14). 김상진 기자, 국제일반 "1923년 관동대지진

때 유언비어로 조선인 학살"… 일본 언론 이례적 보도.
USGS[United States Geological Survey(.gov)], Lasterst EarthquakesMap.

찾아보기

저자 소개

이재영

- 일본 교토대학교 공학박사(건축학 전공)
- 동의대학교 소방방재행정학과 교수

김주리

- University of Bristol 사회정책학 박사
- 고려대학교 공공정책연구소 연구교수

김형열

- 난징대학 역사학 박사
- 동의대학교 중어중국학과 교수

류성진

- 위스콘신대학교 법학 박사
- 동의대학교 법학과 교수

박형준

- 부산대학교 도시공학 박사
- 창원시정연구원 연구위원

이달별

- Georgia Institute of Technology 도시 및 지역계획학 박사
- 동의대학교 소방방재행정학과 교수

이미라

- 부산대학교 사회복지학 박사
- 동의대학교 사회복지학과 교수

주성빈

- 동국대학교 경찰학 박사
- 동의대학교 경찰행정학과 교수

재난과 사회

펴낸날 제1판 제1쇄 2023년 8월 31일
지은이 이재영 외
펴낸이 임춘환
펴낸곳 도서출판 **대영문화사**
주소 (본사) 사무실: 경기도 고양시 일산서구 주화로 70
우신프라자 307호 (우) 10387)
(본사) 물류센터: 경기도 고양시 일산서구 덕산로
107번길 68-50 (우) 10205)
등록 1975년 12월 26일 제3-16호
전화 (031) 913-3062, (031) 914-3884~5
팩스 (031) 913-3839
홈페이지 http://www.dymbook.co.kr

© 이재영 외, 2023
ISBN 978-89-7644-911-5
값 18,000원

* 잘못된 책은 바꾸어 드립니다.
* 이 책의 내용은 저작권법의 보호를 받습니다.